ガイドブックにない

もうひとつの東京を歩く

東京社会科散歩

井上理津子

解放出版社

はじめに

「井上さん、観光的でない東京を歩いてみませんか?」

と、二〇一九年の暮れに解放出版社東京事務所の村田浩司さんからお誘いをいただいたのが、この企画の始まりだった。

「観光的でないって?」

「〝東京〟として喧伝されて、消費される東京ではない町」

「普通に人が住んでいる、みたいな?」

「ですね。あんまりわざわざ観光に行かない、みたいな」

「なるほど」

「歴史上であったり、現在進行形であったり、何らかの課題を抱えていたりする町を〝井上目線〟で歩いて……」

「わっ」

「そこにある土地の物語に耳を傾ける」

そんなやりとりをした。

村田さんとはその二年ほど前に知り合った。拙著『さいごの色街　飛田』を二〇一二年ごろに読んでくれていたそう。遊郭の面影が残る大阪の風俗街のルポだ。面映いが、村田さんの言う〝井上目線〟とは、「入り込んで、見る」「人間が好き」の目線とのこと。「飛田で出会った人たちとも関係性を作って取材して、群像劇スタイルのルポだったじゃないですか」と言われても、「え?　そうだったっけ?」というくらい私は自覚に乏しいが、「人の心の中に土足で踏み込んでいく」と揶揄される関西人ではある。もっとも、「東京を」と言われても、私は拠点をこちらに移してまだ十年そこそこの、東京ビギナーだ。「そういうとこ全部含めて井上さんに歩いてみてほしい」とおだてられ、「うれしい。ぜひぜひ、やらせてください」と返すまで時間はかからなかった。

本書は、二〇二〇年一月から二二年三月まで、「観光的でない東京」を歩いた記録である。どこに行くかは、村田さんと相談して決めた。若いころアジアを放浪した以外はずっと東京に住み、硬いものから柔らかいものまで扱ってきて、人権問題に強い編集者の村田さんと、先にも書いたように東京ビギナーだが、人物ルポや旅、庶民の生活史などを長年テーマにしてきたライターの私。意外にも「行きたい」ところが一致したり、「事前学習は少しにして、調べすぎないようにして行こう」との考えも一緒だったりした。

最初に行ったのは、羽田だ。読むと、「おや?」と思われるかもしれない。敗戦直後、空港とその近辺がGHQに接収され、三〇〇〇人の住民に「四八時間以内に退去せよ」と酷い命令が下ったと知って、堤防沿いの道を歩く。ウォーキングする多くの人と行き交うなか、たまたま声をかけて立ち話した人が、三歳のときに「四八時間以内に退去せよ」となった当事者だったことに。

そんな偶然があるの？　仕込みがあったんじゃないの？

いいえ。まったく予期しなかった。断じて偶然なのである。

かつて遊郭があった玉の井（江東区東向島）では、ランチを食べに入った食堂で、隣席した人たちとほんの少しの言葉を交わしただけなのに、「いろは通り」の名前の由来や、「あのお商売の人たちは店屋物が好きだから、昔はお寿司や天ぷら屋がいっぱいあったんですけどね」といった話が出てくる。一九四一年に端を発するコリアンタウンの枝川（江東区）では、エリアを一回り、二回りしたのち、帰りがけにまだきょろきょろして歩いていると、地元のご年配男性に「どこ、探している？」と聞かれた。その人が、「一世、八八歳」だと自己紹介してくださるのだ。

「井上さん、引き寄せますね」

と、村田さんがにやにやする。もしかするとそうかも、とおごってはいけない。ツキが消えちゃうといけないから。偶然がたまたま続いただけだ、と思いながら歩いた。

各町で語り部をお願いした人も、何人もいる。

多くの人たちのおかげで、「その土地の物語を少しは掘っていくことができた本書が、手に取ってくれたみなさんの目にどう映るか。ひやひやどきどきしながら、お届けします。

ガイドブックにない もうひとつの東京を歩く 東京社会科散歩

目次

III　都心・山手篇

Ⅳ 郊外篇

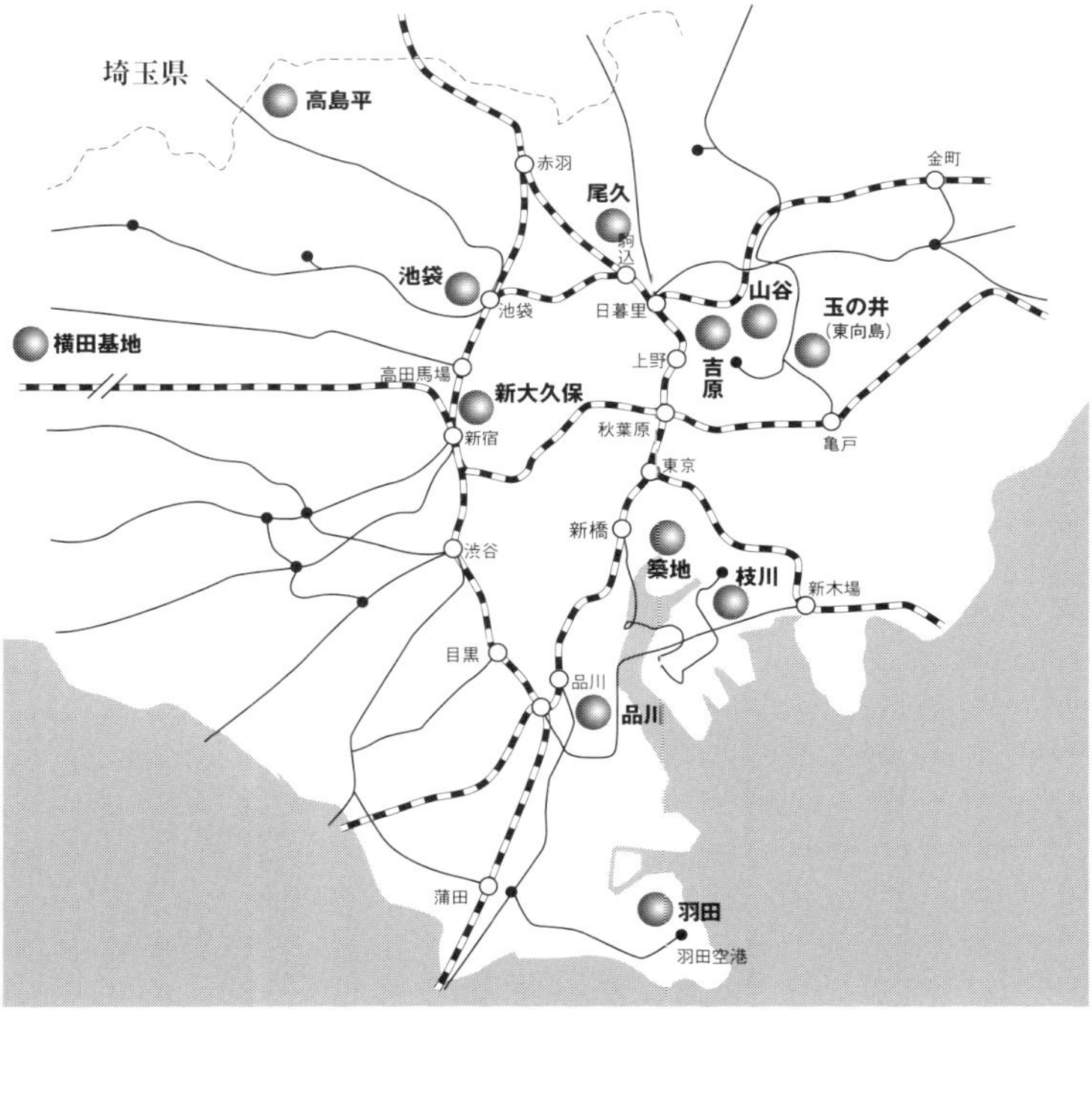
埼玉県
高島平
赤羽
尾久
駒込
池袋
池袋
横田基地
日暮里
山谷
玉の井
（東向島）
金町
上野
吉原
高田馬場
新大久保
新宿
秋葉原
亀戸
東京
新橋
築地
枝川
新木場
渋谷
目黒
品川
品川
蒲田
羽田
羽田空港

下町篇 1

東向島・“水都”・築地・吉原

I

「玉の井」の残照を求めて

東向島

▼▼▼「いろまちって何ですか」

浅草駅から歩くようなスピードで走り出した東武電車は、隅田川の真上で停まった。あれれれ。何かあった？　でも、私以外の乗客はまったく意に介さぬ様子。アナウンスも特になく、少しすると、何事もなかったようにまたゆるりと走り出した。いつもそうなのか、この日たまたまなのか。いずれにせよ、隅田川の幅は陸から眺めるより、上から見るほうが広いと認識できて良かった。

今回行くのは、浅草の人たちが自分たちの優越感を込めて、「川向こう」と呼ぶ、隅田川の向こう側。左手にスカイツリーを見ながら進み、四つ目の東向島《ひがしむこうじま》駅だ。一九八七年まで「玉ノ井駅」だった。東向島駅への改称は、色街イメージを払拭するためだったそうで、あらま。「向島」も、浅草側の川辺に立つと「向こうに島がある」と見えるからという、蔑視的な名の由来という説があるのに。と、心のなかでしのごの言っているうちに東向島駅に着いた。

変哲もない高架駅だ。

五年前に一度歩きに来たことがあり、東向島駅に降りるのは二度目だったが、もはやあのエリアへの道順を忘れてしまっている。だから、若い駅員さんに「玉の井の色街跡へはどう行けばいいですか」と尋ねたのだが、ひっくり返りそうになった。

「玉の井……？　なんですかそれ」

「この駅、昔、玉ノ井駅という名前だったんですよ」

「は？　そうですか」

「で、昔、色街だったところへ行きたいんですが」

「はい？　いろまちって何ですか」

と、色街という言葉そのものをご存じなかったからだ。

「昔の風俗っていうか、戦後は赤線だったところ」と私。

その駅員さんは、つづいて、

「あかせんって何ですか」

である。駅員さんは「このおばさん、ワケの分からないことを言ってるわ」の表情になった。二〇歳そこそこだろうか。「少しお待ちください」の後、おそらく二〇代後半の先輩を引っ張ってきた。

かくかくしかじか。分かりやすくしたつもりで少し言い方を変え、玉の井の遊郭の跡地に行きたいんですが。と先輩駅員さんに、私、再び。

「はい？　ゆうかくって何ですか」

彼の口からも、先の駅員さんと同じく逆質問が飛んできた。私はもう一度ひっくり返りそうになり、「あ、いいですいいです。忘れてください」と退散した。

「そんなもんですよ、今どきの若い人たちは」と、同行する編集担当の村田浩司さんが苦笑する。

ふ〜む、確かに。でもでも。私は自分がひどく年老いた人のような気分になった。

以前の住所表記は東京府南葛飾郡寺島村。今は墨田区墨田五丁目。どこにも「玉の井」の表記のない墨田区の八〇〇〇分の一の地図を片手に、かすかな記憶と、動物的勘を頼りに駅から北東に方向をとる。

▼▼▼銘酒屋〜カフェーの三五年間

玉の井は、別名キングポイントと言われた。キングは王様、「王」に点を付け加えれば「玉」になるというだじゃれ的な発想からだそうだが、遊びに行く人たちが、自分たちは

浅草の十二階（凌雲閣の絵葉書）

王様だぜと鼓舞したのかもしれない。

その玉の井は、関東大震災（一九二三年）後から大空襲（一九四五年）を経た赤線廃止（一九五八年）まで、結果的に三五年間限定の色街だった。

その経緯は――。

浅草花やしきの近く、ひさご通りのアーケードの入り口あたりに、一八九〇（明治二三）年に、「十二階」の名で親しまれた赤煉瓦造りの凌雲閣《りょううんかく》が建てられ、浅草のランドマークタワーだった。その足下の細い路地に、ぎっしりと「銘酒屋」が並び、「十二階下」とも「観音裏」とも呼ばれた。銘酒屋の銘酒は名ばかりで、つまり非公認のちょんの間（短時間利用の性風俗店）。最盛期、銘酒屋が九〇〇軒あり、一七〇〇人の私娼がいたという。遊客は「目ばかり窓」という、女性の一部分しか見えない小さな窓越しに覗き込み、相手を決める。そして、三畳ほどの小部屋に上がって性行為をする。安さが売りだったが、関東大震災で焼け出された。

元の地に再建したくとも、浅草では銘酒屋の建て直しが許可されない。そのため集団移転した先が、当時東京市外でまだまだ住宅が少なかった玉の井だったのである。一部は亀戸（江東区）にも移ったが、大多数が玉の井を選んだのは、もとより何軒かの銘酒屋が営業しており、呼び水になったかららしい。

玉の井には、大震災からわずか三年後の一九二六（大正一五）年にすでに銘酒屋三五〇軒、女性六五三人が集まった。さらに、その九年後の一九三五（昭和一〇）年、警視庁衛生部の調査によると四七七軒、九一三人。行政発表は、意図的にその数字が小さく見積もられているようで、「接客婦」三〇〇〇人と記述した本もある。あの永井荷風『濹東綺《ぼくとうき》譚《たん》』――馴染みを重ねるうち、娼婦お雪の気持ちが主人公に傾斜していくが、結婚に失敗した経験を持つことから主人公は身を引くという私小説は、その頃の玉の井が舞台だ。

一九四五年三月一〇日の大空襲で灰燼と帰したものの、この町はたくましい。銘酒屋が趣きを変え、「カフェー」として再開する。焼け残った家を求めて都内各地もしくは一キロほど離れた寺島一丁目（鳩の街）に移る者もいたが、大半は玉の井に留まり、焼け残ったわずかな住宅で商魂を発揮しカフェーへと移行した。つまり、東京に一三カ所できた赤線の一つとなり、一九五八（昭和三三）年に売春防止法が罰則付きで施行されるまで艶かしい町であり続けた。

そういった話は、先ほどの東向島駅の駅員さんの祖父世代なら大抵知っていそうだが、わざわざ墓穴を掘るような話を伝承しないものなあ。

いわゆる私娼窟だったのが二二年間、赤線だったのが一三年間。玉の井が女性たちが生きていく町としての役割を果たしたのは、先にも書いたが合計三五年ぽっきりだったのだ。総面積は、推定一万五〇〇〇坪ほど。

▼▼▼乾いた風景の玉の井いろは通り

「オール讀物」新人賞受賞作家の前田豊（一九一二〜九〇年）が戦前戦後の玉の井を振返り、一九八六年に『玉の井という街があった』（現在はちくま文庫）を上梓している。そのなかで、玉の井の特徴をきっぱりとこう説く。

　実際、玉の井というのはふしぎな街だった。汚くて、臭くて、みすぼらしい。およそ美というもののないこの場所に、外部からの誘客は独特の魅力を感じたのだ。……（中略）毎日毎夜、何千何万という人間が、雨の日も嵐の日も、悪臭をおかしてやってきたのも、言うなれば、玉の井という街の持つ貧しさそのものに、大きな魅力を感じたからに他ならなかったからであろう。

さて、「玉の井いろは通り」にさしかかり、「ここがメインストリートですね」と、村田さん。

五年前に来たときより、閑散としている感はある。ヘンゼルとグレーテルのお菓子の家のようなとんがり屋根のおもちゃ屋さんが、この日は閉まっていた。ブックカフェ風に玉の井関係の本を多数置いていた「玉ノ井カフェ」の前にも、「暫く 都合により 休業させて頂きます」と貼り紙。さみしいなあ。けれども、布団屋、電気屋、洋品屋、食堂、中華屋などが健在で良かった。通りの周辺は、ごく普通の住宅やマンションやアパート。特徴のない乾いた風景ではある。

行きつ戻りつ。

「大正天皇即位を記念して大正時代初めに造られたから、もともとは大正通りって言った。『濹東綺譚』にもそう出てくる。なんで『いろは通り』になったかというと、地域で一番早くに整備された通りだから。『いろはにほへと』の頭をとったわけだね」

と、袖すりあった地元の年配紳士が教えてくれ、

「あのお商売の人たちは店屋物が好きだから、昔はいろは通りにお寿司屋や天ぷら屋がいっぱいあったんですけどね。どんどん減っちゃって、去年商店会も解散したの」

と、ランチを食べに入った食堂で隣席したご年配女性が申しわけなさそうな口調だったのが、かろうじて収穫だったたか。

▼▼▼小径から脇道へ──ラビリンス

古びた交番があった。隅田三丁目交番。おまわりさんが暇そうに見える。「時々みえますよ。あなたたちみたいに赤線跡を見にくる人。建物が何軒か残っているだけなのに」

そんなのを見て何が面白いの、とおまわりさんの顔に書いてあった。いろは通りから、交番前を左手にとる。軽自動車一台が通れるかどうかくらいの幅。

大正道路は殆《ほとんど》軒並銘酒屋になってしまい、通行人は白昼でも袖を引かれ帽子を奪われるようになったので、警察署の取締りが厳しくなり、車の通る表道から路地の内へと引込ませられた。

『濹東綺譚』にこうある。銘酒屋はいろは通りから脇道へ移った。ここだここだ、赤線時代のカフェーもこちら方面。

二、三〇〇メートルはごくごく普通の住宅が並んでいたが、路上で「いっち、にっ、さん」と屈伸運動をしていた年配男性がいらしたので、

赤線の名残らしき建築物（上・中）

入り組んだ露地の景観

「このあたりですね？」

と、赤線の単語を省略して聞いたのに、「そこはついこの前までスナックだったね」と、すぐに通じた。

その方が指差した数軒先が、一軒目のドンピシャだ。ブルーともグレーともつかぬ色合いのコンクリート塀の二階建ての空き家。玄関が角にあり、一階、二階の両方に手すり付きの錆びた窓。

「あの窓から、おねえさんたちにはどんな景色が見えたんでしょうね」

と村田さんが言い、

「ざわめきを心のクッションに、ただただ広い空が見えたり、とか？」

と私。

その少し先には、壁に凹凸があり、ひさし部分が黄色くデザインされたファサードの一軒。「コロナウイルスのため11月28日～12月17日までおやすみします」と紙が貼られ、この日は閉まっていたが、こちらは現役の小料理店のよう。おっと、二階が渋いトタン板で、お隣と屋根がつながる長屋造りだ。ここも、かつておねえさんがいたっぽい。

これは私の妄想だが、美空ひばりの「悲しい酒」がとてもうまいママがいそうなスナックにも出くわす。

タイルが張り巡らされた外壁がゆるやかな曲線を帯びていたり、二階に手すり付きの木製の窓枠があったり、文化住宅の側面にカラーリングの跡が見えたりする建物が、少なくとも七軒は残っていた。ほとんどに、住まう人の気配はすでにない。そうした建物に引き寄せられ、右に左に細い道を伝ううち、村田さんともども方向感覚が麻痺してしまう不思議。

「参ったなあ。マジでラビリンスだなあ」

「予定調和じゃないけれど（笑）」

この街の形容によく使われるラビリンス——いったん入り込むと抜け出せないような蜘蛛巣状の迷路とはこのことだと思わずにはいられない。

▼▼▼「路地に漂う退廃感」という装置

しかし、五年前に歩いたとき、印象強烈だった建物が消えていた。赤いひさしが目をひいたスナック。確か「恋心」という名前だった。あのときすでに閉店して長いのか、伸び放題となった植木がドアを閉ざし、真横の路地の入り口に、

〈車ぬけられません〉

と、ぶきっちょに手書きした木札が立てかけられていたところだ。滝田ゆう『寺島町奇譚』に登場し、かつて本当に立っていた案内板「ぬけられます」のパロディーだろうが、

一帯の空気が湿っていると感じたことが忘れられない。路地もずいぶん明るくなり、湿った空気など皆無に。あっけらかん。そりゃそうだ。

「恋心」は、三階建ての住宅に変わっていた。

歩きながら、私は頭のなかに大阪の飛田遊郭を置いてしまう。飛田が誕生したのは一九一八年だから、玉の井ができる五年前。どちらも色街として後発だ。飛田にも、公道と公道の間に何本かの路地があり、そこにも娼家が連なり、上り框《かまち》（玄関の上り口に横に渡した板のこと）にちょこんと女性が座っている（その形式は今もつづいている）。

玉の井は、大店が整然と並ぶ吉原などと違って、先に引いた『玉の井という街があった』によると、「靴下や下着の破れに引け目を感じる必要」もなく、財布に幾分のお金さえあれば、誰もが足を運べる町だった。玉の井も飛田も、卑近な言葉で言えば、男性が「手っ取り早く、安く」遊ぶことができるのが売りだ。路地に漂う退廃感も、ひとときの恋愛に夢中にならせる装置だったりしたのだろう。

飛田の古老から「軍靴の音が響く時代に出征を前にやってくる若者が絶えなかった」と聞いたが、『玉の井という街があった』にも、〈出陣の前夜、この地に最後の歓をかたむける歓送の青年団旗などが、娼家の店口に立てかけてあるのをよく見かけたものだ〉とある。

土地との密接さ、ひときわの寺

この日、行き着いたのは、東清寺《とうせいじ》という禅寺だった。ここは「玉の井稲荷」でもある。門前の石碑に「豊川稲荷尊天　身代り不動尊」とあったので、「身代わりって？」と、素朴な疑問から訪ねたら、住職の武田秀樹さんが出てきてくださった。

「交差点の角におそらく質屋で財を成されたムラタさんというお宅があったんですが、昭和二九年に新宿へ引っ越されることになり、お宅にあった不動尊を当寺で祀ってくれないか、ということになったんです。ムラタ家の方が失明され、成田山から不動尊を勧請《かんじょう》し、拝んでいたら、うっすら目が見えるようになった。不動尊が目玉をくださったんだと。なので、身代わり不動尊なんですね」

と説明があったあと、「もっとも当寺の縁起は複雑なんですが」と。

農村地帯だった大正初期に、地元の有志が水戸街道へ通ずる道（現・玉の井いろは通り）を造ることになり、現在の東向島駅の東側の古刹・法泉寺に頼んで、豊川稲荷の分霊を勧請したのが「玉の井稲荷」のそもそもの起源。そして、遊郭ができて急激に発展してきた大正一三年に、法泉寺に出入りしていた武田信雄和尚が、「玉井閣」という布教所を設け、昭和二年に山梨県三富村《みとみむら》にあった東清寺がこの地に移された――。つまり、玉の井の地と

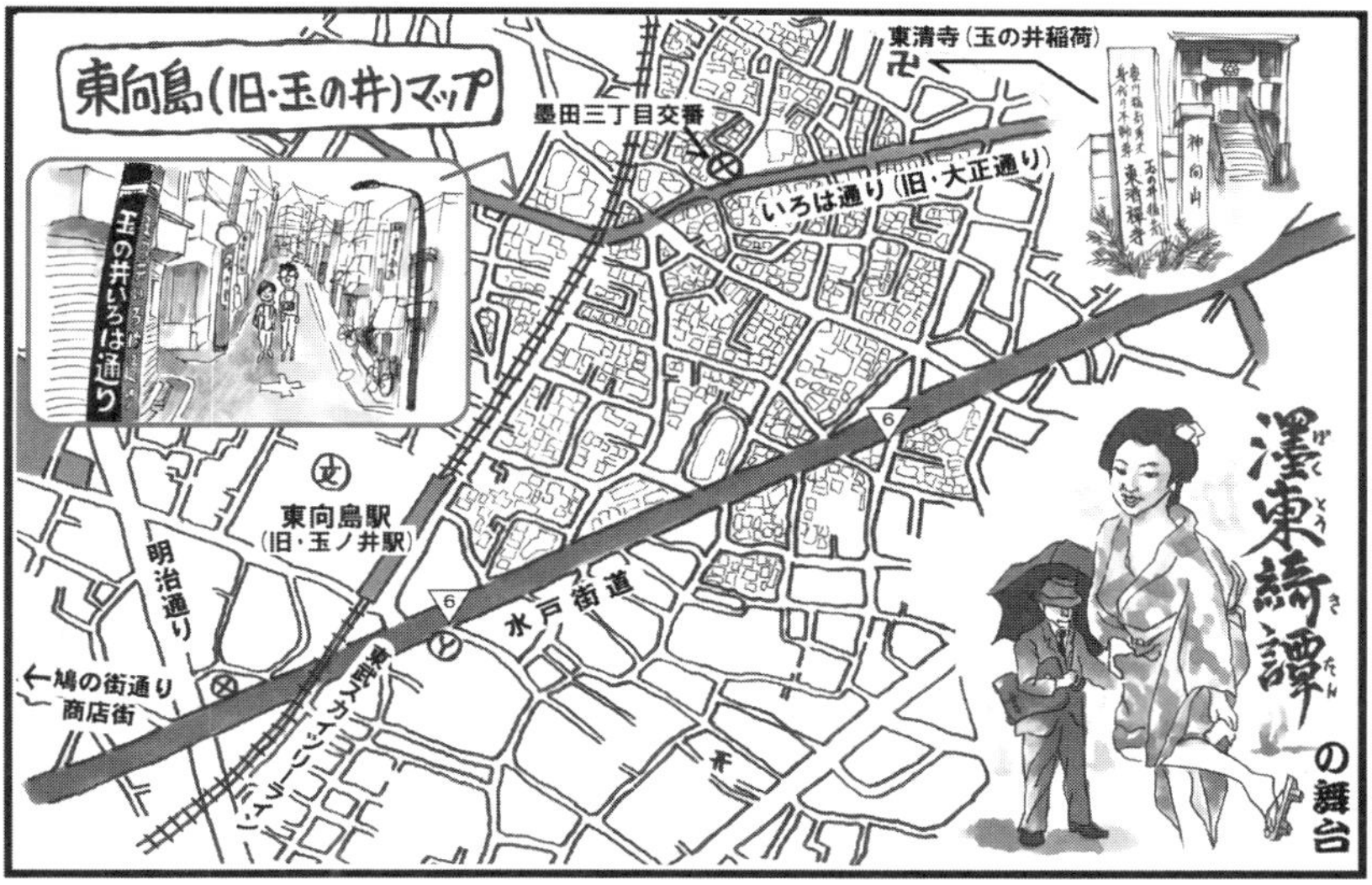

の密接さ、ひときわなお寺だったのである。
『濹東綺譚』に、「貧乏稲荷」として出てくる。

　辻の向側には曹洞宗東清寺と刻した石碑と、玉の井稲荷の鳥居と公衆電話とが立っている。わたくしはお雪の話からこの稲荷の縁日は二日と二十日の両日である事や、縁日の晩は外ばかり賑《にぎやか》で、路地の中はかえって客足が少いところから、窓の女たちは貧乏稲荷と呼んでいる事などを思出し

（略）

「この場所は、玉の井の入り口にあたったので、女性が仕事の行き帰りに寄って、手を合わせるのが町の決まりだったそうです」
　と武田住職が教えてくれる。
　境内の墓地のなかに、大きな永代供養墓があ

った。

「跡取りがいないなど、お墓の継承が心配な方向けの合祀墓で、以前の納骨堂に収められていた〝無縁さん〟のお骨も永代供養墓に合祀しました。なので、そのなかに娼家で働いていた女性も含まれていると思います」

じーんとした。

帰路、村田さんが「町にも寿命がある……。今日そう思いましたね」としみじみ言い、私も頷く。玉の井をあとにし、敗戦後に玉の井から何軒かの娼家が移転した先の鳩の街に足をのばすも、名残は皆無だった。


（二〇二〇年一二月取材）

水の都・東京を再発見する

日本橋からスカイツリーへ

▼▼▼スタートは五街道の起点・日本橋

日本橋のすぐ近くの船着場からスカイツリーの下まで川下りに興じた。世がコロナ禍にどんと襲われる少し前のこと。東京の東側の川から陸を眺めてみませんか、という編集担当の村田さんの提案に喜んでのったのだ。

東京には、「川」「橋」「堀」が付いた地名が多い。品川、江戸川、宇田川、京橋、一ツ橋、飯田橋、八丁堀、堀ノ内、日本橋堀留町……。水路が張り巡らされた水の都だったのだ。いや、過去形ではなく、とりわけ東京の東側には、今もいくつもの川が流れている。

乗ったのは、なかなか風流な屋形船。コロナ禍以前は、外国人観光客が多く、満席続きだったらしいが、この日の乗客は、夫婦と小学生の子ども二人のファミリーと、編集の村田さんと私。乗り込んで、窓辺の席に悠々と座る。船は船着場を離れ、日本橋川をゆっく

日本橋上にある麒麟像

りと滑り出した。

　水は少々どんよりしているものの、思ったよりきれいだ。

　船長のガイドが始まった。

「日本橋は今でも映画やテレビドラマでもロケ地に使われますが、何年か前に話題になったのが東野圭吾さん原作の『新参者』。阿部寛さんの刑事ドラマですね。同じキャストで映画化された『麒麟《きりん》の翼』は、あの麒麟像の前で中井貴一さんがぶっ倒れるシーンから始まりました」

　日本橋の上の麒麟像が指され、見上げる。

「あの麒麟は帝都繁栄を祈念して設置されました。麒麟に翼が生えておりますが、本来、中国の伝説の麒麟には翼がありません。なぜあの麒麟にだけ翼がついているのかというと、日本橋はもともと五街道の起点で、日本の道路網の始点。ここから旅立つ旅人の安全が祈願されたからです」

　帝都……大日本帝国下における東京の通称だ。ふ〜む、と村田さんと顔を合わせつつ、船は進む。

▼▼▼川の上に造られた首都高速道路──江戸川橋から八丁堀へ

船から川辺のビルをすべて裏側から眺めるのは特権を得た気分だ。当たり前だが、働く人たちがわんさかいて、陸はわさわさしている。

「二〇二〇年、現在進行形」を感じるのは、残念ながら空が見えないことからも。首都高速の橋脚がいくつか打ち込まれた江戸橋付近は江戸橋ジャンクションだし、渋滞情報にしょっちゅう登場する箱崎ジャンクションもすぐ近くだ。箱崎は、かつて日本橋川に注ぐ箱崎川が流れていたことの名残りの地名。七〇年代に埋め立てられたという。

「首都高は一九六四年の東京オリンピックに向けて計画され、用地買収をやっていたら間に合わないから、川の上にじゃんじゃん造られたんですよね。九割がたが川の上だそうです。それで東京の気温が上がってしまった」と、村田さんが耳打ちする。それもなるほどだし、

「茅場町は、家康が茅商人たちを集めて住まわせたのが名の由来です」

「そのお隣の八丁堀は、捕物帳に出てきますよね。町奉行配下で江戸市中の取り締まりや事件の探索をした与力や同心の屋敷があった。『八丁堀旦那衆』と呼ばれます」

などなど、川付近のエリアについての船長の話もなるほどだ。地上では威容を放つ東京

証券取引所が、数あるビルの一つのように望めるのもちょっと面白い。

▼▼▼「下りもの」は上方商人のプライド?——湊橋界隈

やがて、空が見えてきて、「湊橋《みなと》」にさしかかる。

「名前のとおり、ここまでが江戸湊でした。江戸時代、全国から江戸へ物資を積んできた船が多く集まり、大変な賑わいを見せたところです」と、船長がおっしゃる。「上方から運び込まれたものが『下りもの』と言われました。上方の商人はプライドが高かったので、良いものしか江戸に運ばない。だから、『下りもの』は『くだらないもの』の反対なんですね」とつづき、同乗のファミリーが「ま〜、そうだったんですか」と目を輝かせているではないか。

そんな説、聞いたことがない。私は関西人だが、上方商人のプライドが高くて良いものしか江戸に運ばないとは初耳だ。上方の商品がそもそも上質のものばかりなので、江戸に下っていったものも皆、上質だ。対して、下っていかなかったもの=元より江戸にあるものを、江戸の人たちが自嘲的に「くだらないもの」と言うようになった。関西ではそういう理解が一般的なのですがね——。船長の説は、ずいぶん江戸中心、というか、上から目線説だよなあと、心の中でぶつぶつ。いずれにしても、下りものの代表が灘の酒だ。川辺には、「白鷹」と大きく記されたビルが見えた。

▼▼▼「鬼平犯科帳」と人足寄場—石川島界隈

船は隅田川へ出た。川幅がどんと広い。右手に現れた、曲線が美しい橋が永代橋《えいたい》。「清洲《きよす》橋、勝鬨《かちどき》橋と並ぶ隅田川三名橋の一つで、国の重要文化財です」との案内から、「勝鬨橋がハネ橋（可動橋）なのは、石川島播磨重工の前身、石川島造船所で造られた船が大きく、普通の橋では通行できなかったため」と話がつづいた。

石川島といえば、江戸時代に人足寄場《にんそくよせば》だったところだ。「鬼平犯科帳」で馴染み深い火付盗賊改方《ひつけとうぞくあらためかた》長官・長谷川平蔵の発案で、一七九〇（寛政二）年に設けられた浮浪者収容所兼職業訓練所。今でいうと、刑務所とハローワークを合わせた施設だったわけである。

石川島人足寄場は、どのような経緯で生まれたのか。

一七八三（天明三）年に浅間山が大噴火し、関東東北にかけて大飢饉が発生。各地で一揆が頻発、窮民が群集した江戸も大荒れとなった。ときの一一代将軍・徳川家斉《いえなり》が、餓死者をほぼ出さなかった白河藩主・松平定信を老中に抜擢し、一七八七（天明七）年～九三（寛政五）年に寛政の改革が推し進められる。その施策の一つが「旧里帰農令《きゅうりきのうれい》」。地方から江戸に流入していた大量の農民に金を与えて、地元へ帰るように促した。しかし、強制力はなかったので、江戸に残るも家がない者、犯罪を犯す者が後を絶たない。「一網打尽に牢獄へ送るより、ひと所に収容し、手に職を付けさせ、社会復帰させるほうが得策」と、旗本の長谷川平蔵が出したなかなかのアイデアが採用され、江戸湾の浅瀬を埋め立て、石川島人足寄場が設けられたのだ。

当時の絵図によると、石川島人足寄場には、人足、米搗《つ》き、左官、大工、髪結、縄細工、草履、紙漉《す》き、鍛冶などの授産所がずらり……と、これに触れ始めると紙幅が足りなくなること必至なのでやめるが、その跡地の一部が現在の月島。村田さんが、彼方にそびえる高層ビル林立を指して「あそこですよ。億ションが並んでます」と教えてくれた。

ともあれ、船に乗っていると、日常のせわしなさから解放されるばかりか時空を超えた思考も持てる。

隅田川の東岸に、緑の木々を背にして悠々と座り、川を眺める古人の像が見えた。芭蕉庵史跡展望庭園とやらにある松尾芭蕉像だそうだ。そういえば、芭蕉が庵を結んだのは深川。一六八九（元禄二）年に壮大な旅「おくのほそ道」に出たのもここからなら、〈行く春や鳥啼き魚の目は涙〉と詠んだ光景の真っ只中に、私は今いるということになる。

▼▼▼千葉・行徳から塩を運ぶための運河──小名木川

船は芭蕉像の手前を右に回り、小名木川《おなぎがわ》へと辿《たど》った。川幅が狭まり、両側にさほど高層ではない集合住宅がつづくようになる。桜並木の川辺には遊歩道が通り、散歩やジョギングをする人たちがちらほら。手を振ってくれる人がいて、こちらも反射的に振り返す。

前方に、新小名木川水門。「町を水害から守るため、昭和三七年に造られました」とのことで、昨年（二〇一九年）一〇月に台風一九号が上陸したときも閉められたらしい。門扉の高さ九・一メートル。強力な堤防だ。

「小名木川は運河です。一五九〇年に徳川家康が入府すると、江戸の人口が爆発的に増え、町づくりが始まったんですね。その最初が運河づくりです。小名木川は別名『塩の道』。行徳《ぎょうとく》（現・千葉県市川市）から塩を運ぶために早急に必要で、家康は小名木四郎兵衛に命じ、運河を開削させた。小名木川の名は、その小名木四郎兵衛からきています」（船長）

さすが、船長はよくご存じだ。

もっと言うと、家康が江戸城に入城するまで、大手町から丸の内、新橋にかけての一帯は日比谷入り江だった。当時の江戸湾には外国船が頻繁に出没しており、江戸城が攻撃されたらまずいと、日比谷入り江から順に埋め立てられていった。併行して、家康は、兵糧としての塩を行徳塩田に求めた。行徳からその塩を江戸に運ぶには水路が合理的だ。しかし、当時の江戸湾北部は浅瀬が広がり、船がしばしば座礁する。運河が必要だったのだ。

どうりで小名木川は気持ちいいくらいにまっすぐだ。江東区を横断するように、東西に全長五キロメートル。

新小名木川水門から、護岸工事中の現場や係留している船を横目に十分ばかり進んだところで、驚きの光景を目にした。川の十字路があったのだ。南北に通る大横川と小名木川が交差するのだ。

どちらが上流で、どちらが下流? 水は十字路をどう流れている? と気になったが、水面にじっと目をやった村田さんが、「う〜ん、水が流れていなさそうですよ」と。あ、ほんとだ、このとき、水面が波打ってもいなかった。村田さんの「上流・下流の感覚じゃないのかもね」との考察に、うなずいた。この辺りに、舟運のために開削された運河は一〇以上を数える。

▼▼▼日本のパナマ運河・扇橋閘門

やがて、この川下りのハイライト、扇橋閘門《こうもん》の前に着いた。曰《いわ》く「日本のパナマ運河」。信号がついていて、着いたときは赤。少し待ち、青に変わると門扉が開いた。

2分で水位が 2.4m 下がる扇橋閘門

「中に入っちゃいますね」

閘室《こうしつ》というそうだ。あちら側の門が閉ざされており、プールのような中に船が入る。左の壁に水位の目盛りがついている。

「徐々に水位が下がっていきます」

さながら、水のエレベーターだ。同乗のファミリーから歓声が上がったが、私は鈍感なのか。今ひとつ、グッと下がった感覚がなかった。しかし、壁面の目盛りから、じわじわと下がっていっているのが分かる。東京都建設局江東治水事務所が管理。監視室からコントロールされている。

つまり、扇橋閘門は、小名木川の東西の水位差を調節し、船の通行を可能にするための二重の水門から成る施設。もともとは水位差がなかったが、戦後の高度経済成長期に地下水の汲み上げによって、小名木川東部の周辺が大きく地盤沈下した。この扇橋閘門は、その対策の一つとして一九七二年に着工。約五年の歳月と約三〇億円の事業費をかけて、七七年に完成した。

二分で水位が二・四メートル下がった。もう一方の門扉が開くと、そこは何事もなかったかのように川が続いていた。

横十間川と小名木川周辺の工場群（昭和５年、「帝都復興記念帖」より）

▼▼▼二度の被災を乗り越えた一大工場地帯
――横十間川周辺

小さな橋を一つくぐり、またまた川の十字路にさしかかる。交差するのは横十間川《よこじっけん》で、クローバー橋という名の南北左右をつなぐ橋が架かっている。船はこの十字路を左折し、横十間川を北へと舵が取られた。船長が、興味深い写真パネルを取り出して、見せてくれる。

この川の十字路をはさみ、大きな工場がずらりと並ぶ風景の空撮だ。工場の煙突からは、もくもくと白い煙が上がっている。「昭和二年」とのこと。明治から昭和にかけて、この辺りは一大工場地帯だったのだ。

「一九四七年に江東区が成立するまで、横十間川を境に西側が深川区、東側が南葛飾郡、城東区。北隣の元墨田区は、本所区と向島区。全体が工場地帯で、セメント、紡績、ガス、製糸、石鹸などの工場が林立していたようですね」と、サクサクとスマホを検索した村田さんが情報をくれる。「地下水を汲み上げ、川に汚水を垂れ流しだったんでしょうね」とも。

ちなみに、あとで調べて一九三五（昭和一〇）年の本所区と向島区には、一六歳以下の工場労働者が多く、その合計は四四九三人にも達していたと知る。これは当時の東京市三五区での総計二万九五人の実に五分の一。しかも、一九三一（昭和六）年の統計では、「尋常夜学校」の生徒が二五三人もいた。地続きのここ深川区、南葛飾郡、城東区でも似た数字だったのではないだろうか。年端も行かぬ子どもたちもこうした工場地帯での労働を担わされていたのだ。と、つらつらと考えたりなんかする。

さらに、一帯が一九二三（大正一二）年の関東大震災、四五（昭和二〇）年の大空襲で大きく被災したことは承知のとおり。近代化のかけ声で、重工業へ。軍靴の音が聞こえてくると軍需産業へ。そして戦後は高度経済成長を支える軸足に。二度の被災にもめげず、三度にわたって一大工場地帯に上り詰めた地なのだ。

もっとも、船上から景色を眺めていると、今は昔。一九九〇年代から二〇〇〇年代にかけて、郊外移転や業態変更のために工場が閉鎖され、跡地が住宅地として整備された。マンションや公園など人々の暮らしがある風景が広がっている。今さら、わざわざ負の歴史をつまみださなくていいという向きもあろうが、もう一つ。

この原稿を書いている今、手元に『墨田区の歴史』（山本純美・文／東京にふる里をつくる会編、名著出版、一九七八年刊）という本がある。こんなくだりが出てきた。

西条於九十《さいじょうおくじゅう》の『おはぐろどぶ』が刊行されたのは、昭和二九年である。そのなかに、敗戦直後の荒れはてた区内のようすが書かれている。戦災で工場群が焼けてからは、中川の流れは汚れがとれ、魚もふえていたが、食糧難のときで、西条はよく釣りにでてはボラなどをもち帰っていた。横十間川の柳島橋のあたりにでた西条は、破れ舟に焼けトタンをのせた川の仮住いで一人暮らしのおばあさんに出会うのである。西条がウナギを釣った日である。

おばあさんは、

「この川にだって、どれ位多勢《おおぜい》の人が死んだもんだか、一年経ってもまだ時々死骸《しがい》がどこからかぽかんと浮いてくるだで」

そういって、何と思ったか、体をよじりよじり箱部屋から乗り出してきて、鳥の嘴《くちばし》のように爪の伸びた指で、川股の辺を指した。

「あすこんとこへ、この間、子供をせおった女の死体が上っただ。お前様、気がついたかどうだか、あの角から四、五間いった岸っぺたに、焼け舟が一艘沈んでるだが、ついこないだ、どっかの男が船縁《ふなべり》引剝《ひきは》いで薪《たきぎ》にする算段で舟をいじこじしたら、下

北十間川からスカイツリーを望む（左）と二代目歌川広重「江戸名所四十八景柳しま妙見」（東京都立中央図書館所蔵）に描かれた法性寺（右）

水路が生み出す景観

から土左衛門（体の膨れ上がった水死体）がぽっかり出てきてな、その臭い土左衛門の中に、お前様、鰻《うなぎ》の野郎共が幾つも幾つも首突込んで、腐肉喰らっていたっていうだで」

私は鰻を抱いている腋《わき》の辺がむずがゆくなってきた。

『墨田区の歴史』からの孫引きになるが、横十間川には、大空襲のときに飛び込んで亡くなった人が大勢いたことや、戦後は水上生活者が暮らしていたこともまた明らかなのである。

▼▼▼広重の『江戸名所百景』に描かれた法性寺、そしてスカイツリーへ

船は京葉道路をくぐり、ＪＲ総武線の鉄橋も越え、横十間川を北上。東西に延びる北十間川に突き当たった。ここは三叉路だ。左に曲がる。

「その先の法性寺《ほっしょうじ》は、江戸市中の人たちが、こぞってお参りかたがた物見遊山に来るところでした。広重も『江戸名所百景』に描いています」

「北十間川と横十間川は、江戸の大半を焼き尽くした明暦の大火（一六五七年）の後、火除けのために造られた川。それは正解で、関東大震災のとき、川で火災が食い止められた

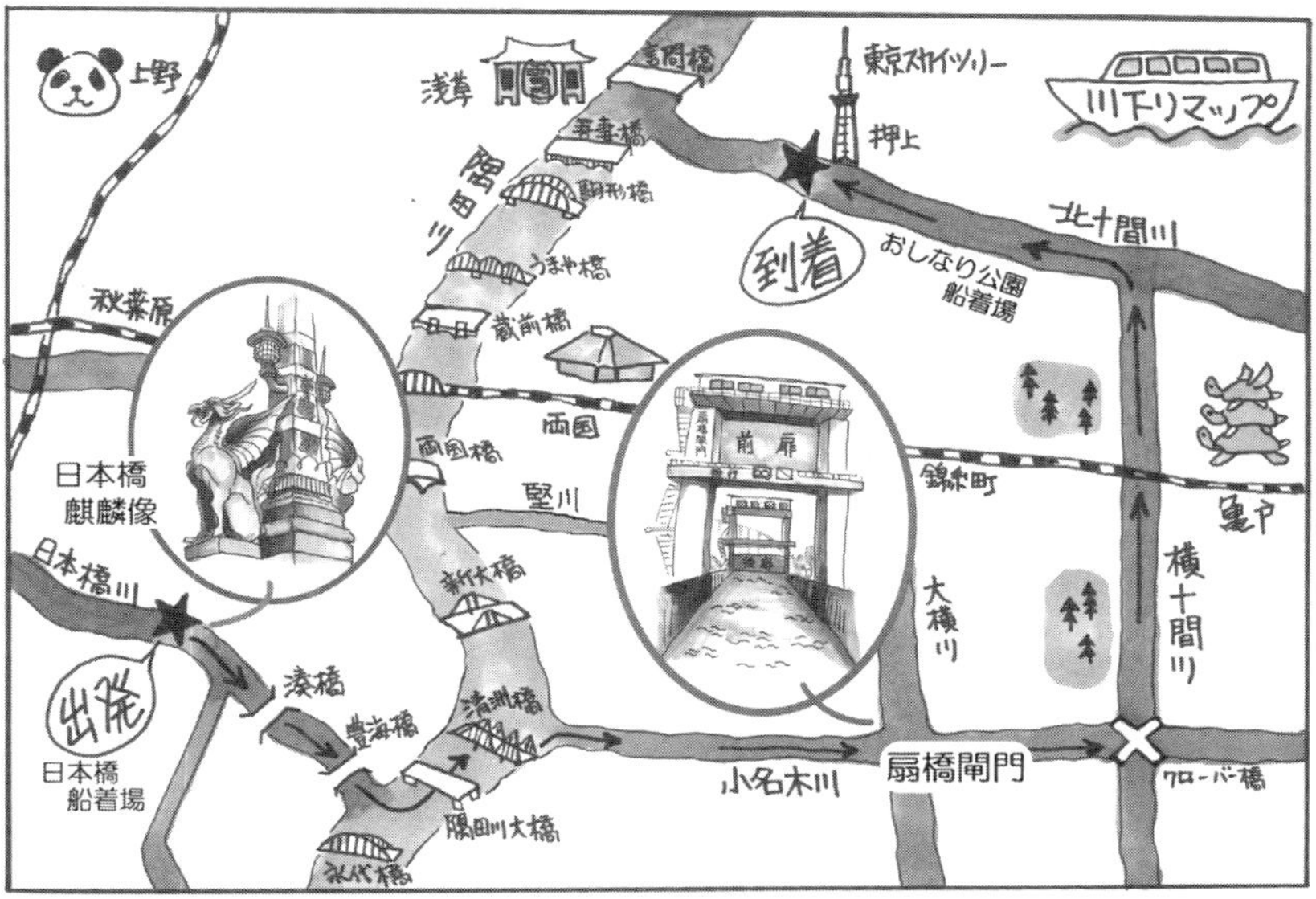

……」

紹介される話はどれもこれも興味深い。

最後の最後に、「〝逆さスカイツリー〟が見られるスポットです」とのアナウンス。日頃「スカイツリーなんて」と斜に構えているくせに、デッキへ移動する。同乗のファミリーが「すご～い」「きれい～」とはしゃぐ横で、村田さんはカメラの、私はスマホの写真シャッターを押した。それぞれに苦笑いしながら。

（二〇二〇年二月取材）

カオスの交錯する街

築地

▼▼▼ここはアジアのマーケットか!?

日本橋のとっておきの懐石料理店の主人から、「今も築地に行っていますよ。豊洲は、道路が混んじゃって時間が読めないし、やっぱり築地は築地ですからね」と聞いたのは、つい先月のこと。「えっ？　築地にお店、今もあるんですか」と聞き返してしまったのは、私がそちら方面にあまりにも疎《うと》かったからだ。

「場外」は健在である。

東京ドーム五つ分の築地市場跡地は白いフェンスで囲われ、更地となっていた。フェンスには東京オリンピックのマスコットキャラクターがテニスラケットを持つイラストが描かれていたり、「東京２０２０大会の選手や大会関係者を輸送するバスおよび乗用車の管理運営を行う車両基地を整備します」と説明板が掲げられていたりして、「は～？」としらけた。

が、場外には「ん？　アジア？」と錯覚しそうな年季の入ったテントを突き出した建物が、依然軒を連ねていた。

マグロのブロック、端正な木箱に納まったウニ、鱧《はも》に鰻《うなぎ》にハマグリにホヤ……。プーンといい香りが削り節屋から漂ってくるわ、合間を縫うように寿司屋や丼屋が幟《のぼり》を立てているわ。合計約四六〇店。

コロナ禍で外国人観光客ゼロ。来訪者もそう多くなく、歩きやすい。

「うー。お出汁の匂いがものすごく立ってる」

と、角の厚焼き卵の店でつぶやくと、

「毎朝、かつおを挽《ひ》いて出汁をとってるからね。京都のように水分多くないんですよ」

と、（おそらく）店主。

「卵は、千葉の養鶏場からね」

と続き、間髪入れずに、

「どれにします？」

と言われれば、反射的に「これにします」と口をついて出る。欲張って、シンプルな玉子焼きに加えて、ねぎ入りと実山椒入りを早々と買ってしまう。包んでもらいながら、

「場外って、厚焼き卵の店が多いですよね？」

「そりゃそうですよ」

「え？」

「寿司屋さんが（かつて市場に）魚を仕入れに来るでしょ」

「はい」

「寿司ネタの玉子つくるのは、寿司屋さんの中で異質の仕事だからね。買って帰ったら省力化できるじゃない」

なるほど、そういうわけだったのか。

ホタルイカ、ししゃも、貝柱など一捻《ひね》りありそうな乾物が山と積まれた店に「築地信濃屋」と堂々たる木の看板がかかっていたので、

「もしや、ご出身は信濃ですか？」

と声をかけると、

「親父が、私の生まれるずいぶん前に長野県から東京に出てきてね」の「私」は七二歳とおっしゃるので、相当な歴史を刻む店のよう。戦前に創業した公算が強い。長野県のどちら？　と聞こうとするも、この方、こちらが商品にちらりと目をやったことを見逃さず、

「ホタルイカね、ソレよりコレのほうがずっと美味しいよ。セラミック乾燥。富山の滑《なめり》川《かわ》からね。そのままでもいいけど、火で炙《あぶ》ったら、もうびっくりする味だよ」

「ししゃもは、北海道の天日寒風干し。オスだよ、卵がないほうが美味しいからね」

などとぐいぐい迫ってこられ、

「安くしといたげるよ」

あ～、また買ってしまった。

といった調子で、「プロの調理人御用達。一般もどうぞ」の店のみなさんは、素人客などわけなく手のひらにお載せになる。

ちょうどお昼どき。「ハレの日食堂」という店名に惹かれて入って、まぐろ丼を頼む。

「古くからのお店ですか？」

に、スタッフの若いお兄さんが、

「いいえ、最近。京都の居酒屋が出店したんです」

は意外だったが、とろける本マグロが、ほどよい酢加減のご飯の上にたっぷりで、唸《うな》る。穴場だ、きっと。

▼▼▼移転後に開設された「築地魚河岸」

場外の中ほどに、三階建ての新しいビル「築地魚河岸《うおがし》」ができていた。入り口にあった、建物内の店の案内ちらしに、「大物」「特殊物」「北洋物」「合物」などの表記にきょとんとした。大物はマグロ、カジキなど。特殊物は活魚、貝類、ふぐ、うになど。北洋物は鮭、マス、数の子、イクラなど。合物はアジなど開き干し、メザシなどの丸干しなどを指すそうだ。

この「築地魚河岸」には、場内で営業していた（ということは、今は豊洲で営業している）仲卸業者約六〇店が入居。午前九時までは業務用仕入れに限っての販売とのことだが、訪れたのは一般にも開放されていた時間帯だから、ここも一巡する。今回も同行してくれている編集担当の村田さんが、「買って来て、と娘に頼まれたので」とエクスキューズしながら見目麗しい赤色の本マグロのブロックを買う二軒隣で、私は足を動かしているワタリガニを買った。

▼▼▼魚への感謝を石碑に記す――築地の守り神「波除神社」

そんなふうに、調子に乗ってうろうろした後、隅田川寄りに位置する波除《なみよけ》神社へ行ってみた。さすが築地の氏神。長靴を履いた男たちが、次から次に参拝に来ている。

神職の方に由緒を尋ねると、

「市場ができる前からここにあります。江戸湾の埋め立てがうまくいかなかったところ、萬治二年（一六五九）、海面に光を放って稲荷大神《おおかみ》のご神体が現れました。お祀りしたところ、埋め立て工事がうまく進んだと伝わっています」

すし塚（波除神社）

御本社の屋根部分がずいぶん直線的だ。切妻造、平入。伊勢神宮の外宮《げぐう》と同じく、最も古い神社建築様式だという神明造《しんめいづくり》。「昭和十二年」に建てられたままの姿をとどめているらしい。

あら？　と思ったのは、境内左手に「活魚塚」「鮟鱇《あんこう》塚」「すし塚」「昆布塚」「玉子塚」なる石碑が建っていたこと。例えば、建立者が東京都鮨商環境衛生同業組合の「すし塚」には、こんな碑文が彫られている。

すし。日本の風土に育ち、日本の誰れもがこよなく愛し自慢している食べ物、それがすし。永い永い伝統の中にあるすし。しかしその歴史の蔭に、幾多の魚介が身を挺してくれたであろうか。世人の味覚をたのしませ、そしてまた、わたし達のたつきの基になってくれたさかなたち。それらあまた魚介の霊を慰め、とわに鎮まれかしと祈り、而して永遠の食物としてのすしを表徴するために、ここゆかりの地にすし塚を建てたゆえんである。昭和四十七年十一月一

日（句読点、傍点は筆者）

たつき、すなわち生活を支える手段となってくれている魚への感謝と鎮魂。大真面目だ。金子みすゞの「大漁」に通じる感覚なのだろうか、と思った。「朝焼け小焼けだ大漁だ　オオバいわしの大漁だ　浜はまつりのようだけど　海の中では何万の　いわしの弔いをするだろう」という、あの詩。

ちなみに、市場の人たちは、魚を「〆《しめ》る」と言い、決して「殺す」とは言わないそうだ。もう一つ、牛丼チェーンで有名な吉野家の石碑も見かけた。

なになに？　吉野家は日本橋にあった魚河岸に開業し、関東大震災後の魚河岸の移転にともない築地へ来た。東京大空襲で店舗が焼失したものの、戦後屋台で営業を再開した。一九五九（昭和三四）年に、「築地一号店」を構えたとのことである。初めて知った。サクッとスマホで調べると、現在の吉野家の店舗数は、なんと国内に一二一八、海外に九三九を数えている。戦後は築地スタートだったのだ。

▼▼▼本願寺の門徒が土を築いたから「築地」

さて、一九二三（大正一二）年の関東大震災後に、日本橋魚河岸が移転してきて、築地

「東京名所・築地西御堂之図」（「錦絵で楽しむ江戸の名所・東京名所図」国立国会図書館蔵より）

魚河岸ができたことは割に知られている。しかし、私が初耳だったのは、

「それまでは、（築地）本願寺の子院が五八か寺立ち並ぶ寺町だった」

ということ。NPO築地食のまちづくり協議会・案内所「ぷらっと築地」マネージャーの山崎徳子さんが教えてくれた。

さかのぼると、本願寺は、もとは浅草・横山町（現・日本橋横山町）にあったが、一六五七（明暦三）年の明暦の大火で焼けて、築地に移ってきた。大火後の区画整理のため、幕府が代替え地に指定したからだが、当時のこの辺りは八丁堀の海の上、どう考えても、幕府の意地悪だ。しかし、本願寺はめげなかった。海を埋め立てて、土を築いたから「築地」。佃島の門徒らの手によったという。

「今は、本願寺は皇居のほうを向いて立っていますが、関東大震災で焼けるまでは南西側——市場側が正面入り口でした。場外に『西通り』『中通り』『東通り』の三本の道が通っているうち、『中通り』だけが広いのは、本願寺の参道だったからなんです。周りに子院が並んでいて……」と山崎さん。

しかし、五八カ寺は関東大震災で壊滅した。魚河岸が東京府の施策で日本橋から移って来ると決まり、「隣地が喧《やかま》しい市場ではなあ」と、そのほとんどが再建せずに散らばった。その跡地にやって来たのが、「市場に仕入れに来る人を相手に商おう」とニッチ狙いの先見の明がある商人たち。大阪からも諏訪からも日本橋からも集結した模様。干物、昆布、豆、海苔、茶、青物、調理道具などの店が次々と誕生した。場外の始まりである。

約二〇年を経て、戦争中の築地は、あまり空襲の犠牲にならなかった。皮肉にも、そのおかげで、戦後、築地市場（場内）の四分の一がＧＨＱに接収される。鉄条網が張り巡らされ、四年間にわたって巨大なランドリーとなった。四万人以上の米兵が駐在する東京の洗濯工場。多くの日本人が、流れ作業のランドリー・スタッフに雇われた。

余談だが、日本では洗濯板でごしごしと洗濯していた頃だ。このときＧＨＱに雇われた日本人スタッフが習得したアメリカのクリーニング技術が、日本のクリーニング業を牽引することになる。

▼▼▼敗戦から移転まで――築地戦後史

『築地市場クロニクル完全版１６０３～２０１８』（福地享子、築地市場銀鱗会《ぎんりんかい》著）によると、戦後の食糧難下の一九四六年一月にＧＨＱの食糧支援第一弾としてマニラから小麦粉一〇〇〇トンが届いたのも、四七年二月に南氷洋から貴重なタンパクとなるクジラ四〇〇トンを積んだ捕鯨船が初荷したのも築地。

やがて統制が解かれ、セリが始まった。高度経済成長期を支えた時期、「築地のマグロ」で勇進した時期。六四年の東京オリンピック前後に、エリアの中央を流れていた築地川が埋め立てられるなど、その姿は変容を見せながらも、港、場内、場外が自ずとゆるやかに連携し、歩んできたのだ。

しかし、石原都政の九〇年代以降、承知のとおりのすったもんだの移転問題。堂々巡りの挙句に、二〇一八年一〇月に市場が豊洲へ行ってしまって、二年が経とうとしているのだ。

「小池都知事が、『築地ブランドを守ります』とおっしゃったとき、ポカーンという感じでした」

と山崎さんが言う。「築地ブランド」と、紋切り型の言葉のイメージで、簡単にくくられた違和感だという。

「新鮮さでは、産地直送のほうが上ですし、築地ブランドって何なんだろうと、場外六つの町会で何度も話し合いを持ちました。目利き力なのか、品揃え力なのか、業界ネットワーク力なのか。結論ですか？　すべてを合わせた信頼でしょうか。平成になってから飲食店が増え、一般の人たちも増えました。今後は、仕入れにくるプロと一般の人の両者にどう向き合っていくかが課題です」

▼▼▼九〇年代まで床屋とスナックが大繁盛していた

山崎さんが「古い築地をご存じな床屋さん」を紹介してくれた。

なぜ床屋さん？　と首を傾げつつ会いに行ったが、話を聞いて何度も膝を打つことになった。

場外のやや東寄りに、大正時代の「看板建築」が現役で、店頭に赤白青のサインポールがくるくる回る「カット・ハウス松原」の松原雄二郎さん（七二歳）。

「（築地市場の前身の）日本橋魚河岸から築地に来たのは『江戸城に納めた残りの魚を扱って良い』という札を持っている人。その札を捨てた、もしくは持っていない人が場外で関連モノの商売をしだしたんだ」

「地割りなんかで揉めて、（場内も場外も）落ち着くまで何年もかかったんですよ。それに骨を折って、貢献したのが初代の佃政《つくまさ》一家。今は稲川会に吸収合併されちゃってるけど、当時は清水次郎長みたいな俠客《きょうかく》よ」

松原さんは荻窪（杉並区）の出身で、妻の実家であるここ築地へ来た四〇年余り前、魚河岸の人たちの仲間意識に「大字築地村だなと思った」と笑う。知らない顔を見ると「誰だ、この野郎」、つながりが分かるととことん仲間化する。まるで「村」。そんななかで、「今生きていたら一〇〇歳以上の男たち」の散髪をしながら、昔話をたっぷり聞いてきたのだという。

「場外に床屋が四軒あったんだけど、今はうちだけ。お客さんの三割以上が船員さんだった」

九〇年代頃まで、マグロ船が東京湾にある港のひとつ、築地の港に着いた。船籍は、岩手県と宮城県が圧倒的に多かった。

「船員さん、陸《おか》に上がると真っ先に行くのが風呂屋と床屋だったわけ。当時の船は塩水風呂で、ろくなシャンプーもなかったから、みんな髪の毛が『潮焼け』して固まっちゃってるの。櫛《くし》が折れるほどだったんですよ」

「近くに、四〇すぎのおばちゃんがやってる『なぎさ』って名前の船員相手のスナックがあって。地元の人は行かない、見るからに冴えない店なんだけど、実は日本中の船乗りが知ってる有名店だったの。二階にちょんの間があって、船員さんたちみんなお世話になっていた店」

〝裏築地史〟はとびきり面白い。

マグロ船が築地に着かなくなったのは、商社などの「一船買い」のためだと松原さんが言う。以降、焼津や清水、三崎など地方の港へ水揚げされ、築地へは陸送されるようになった、と。経路が大きく変化しても、特上のマグロなどが築地に集まることは変わらなかったのか。冒頭に書いた日本橋の懐石料理店の主人が言った「築地は築地」という言葉につながるのだろうか。

豊洲に移転してまもなく、年配の魚屋さんの仕入れに同行して、早朝の豊洲市場に行ったことがあった。「築地は場内も場外も目をつむっても歩けたんだけどね」とこぼしてらしたことを思い出す。

▼▼▼街の変遷を見守ってきた「築地本願寺」

さて、晴海通りを渡って、築地本願寺に向かおう。

「奇想の建築家」と名高い伊東忠太（一八六七～一九五四年）設計による威風堂々・奇抜な意匠の本堂は、何度来ても圧倒される。正面の階段脇にいる翼が生えた獅子など表情豊

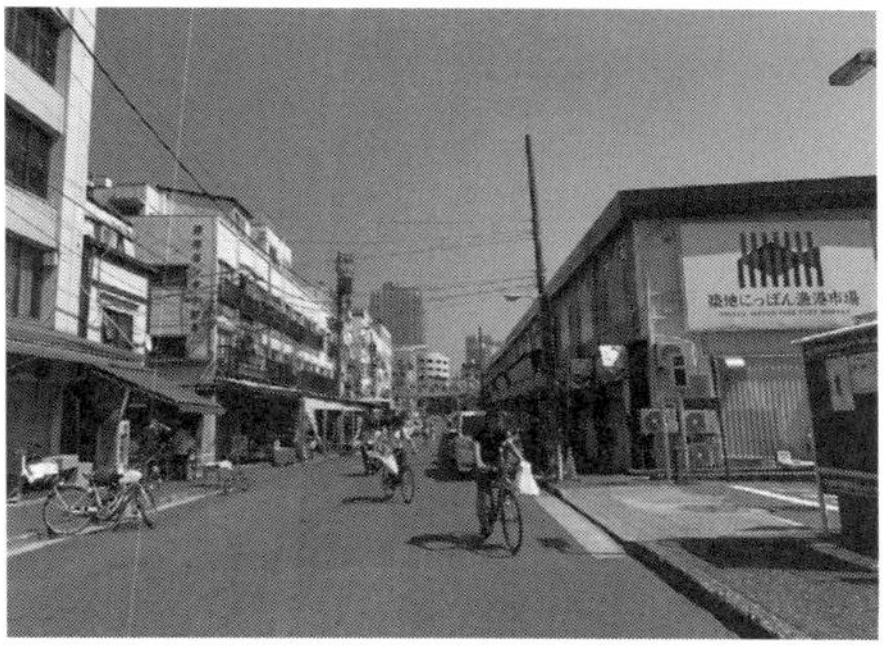

築地場外の風景

築地本願寺

かな動物造形に迎えられて、堂内に入ると、

「これ、どうぞお持ちください」

と、ボランティアの年配男性から蓮の花びらの形をした一枚の散華《さんげ》を手渡された。その方が、

「古代インド仏教建築といいます。何度も火災で焼失し、関東大震災でも焼失したため、強い建築物をと鉄筋コンクリート造りになったんですね。昭和九（一九三四）年に建てられたんです」

とご説明くださり、ありがとうございます。

浄土真宗本願寺派（西本願寺）の直轄寺院。浄土真宗の寺はすべて観光寺院ではなく、念仏道場と位置付けられている。無料で、広く誰にも開かれて

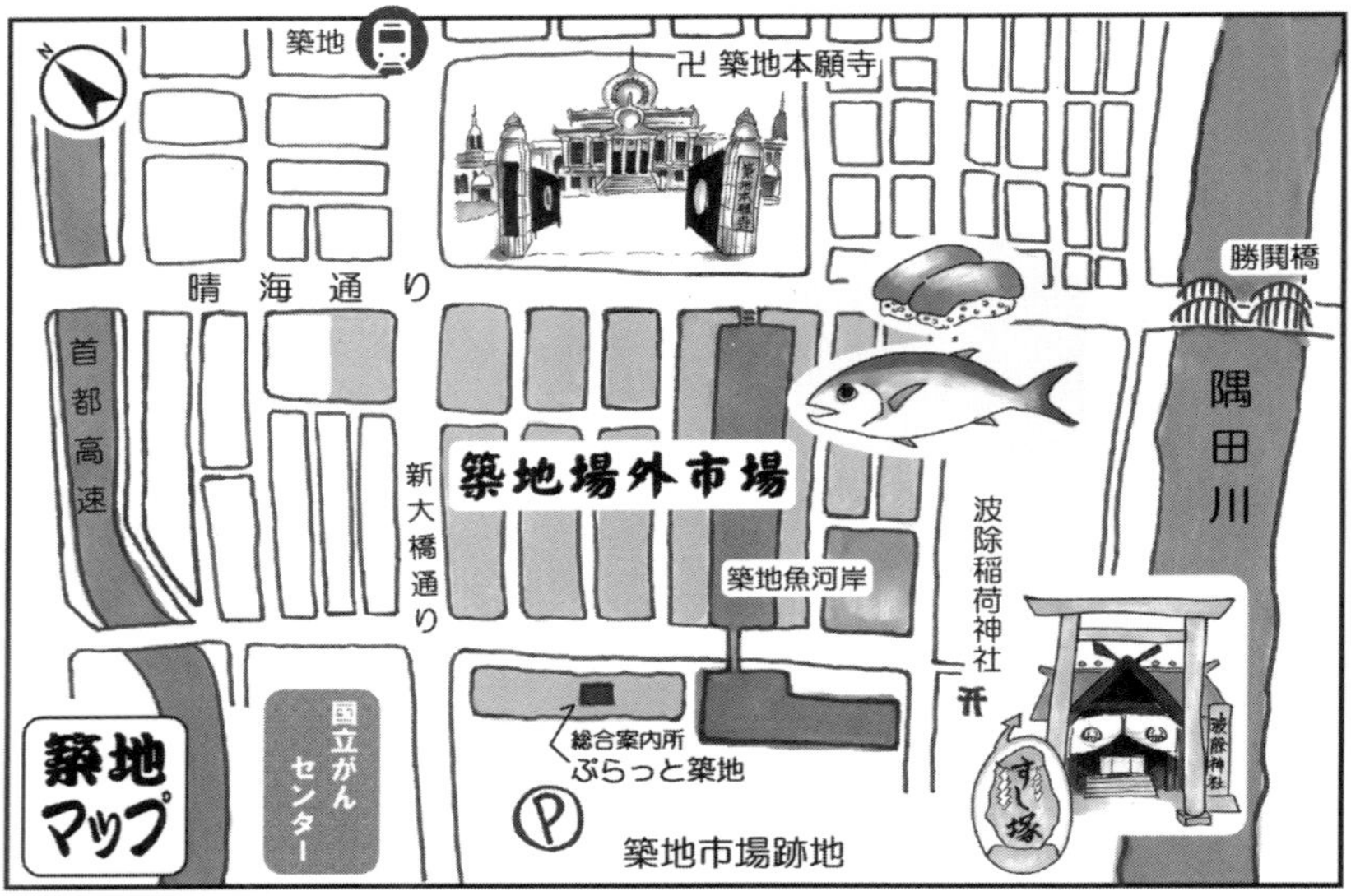

いるから、私は好き――と、個人の感想にて失礼。コロナ自粛期間中も通常どおり開けたうえ、開門時間中、堂内の様子のライブ画像が配信され、朝夕の勤行時間には僧侶が読経する姿も映し出されていた。

築地本願寺裏手に迷い込むと、木造二階建て、窓辺に欄干が伝う長屋が二軒、潜んでいた。近くの豆腐屋さんに聞くと、「あすこはたまたま残っているけど、四、五〇年前までこの界隈《かいわい》全体がああいう長屋だらけでしたよ。たいていが仲買さんの住まい。魚河岸と自転車で往来してましたねえ」と。

築地界隈が大きく空襲に遭わなかったのは、アメリカ聖公会の建てた聖路加《せいろか》国際病院があったからとされる。

（二〇二〇年七〜八月取材）

都市の周縁を流離《さすら》う

吉原

▼▼▼山谷堀から吉原へ

吉原へ行こうと思い立ったのは、五月半ばだった。

かつての吉原《よしわら》遊郭が一大ソープランド街となっているのは承知のとおり。その吉原のソープ街では、四月からゴールデンウイーク明けまでの間、東京都の自粛要請に応じる形で店が閉められた。その後再開する店が出はじめているものの、まだまだ少ない——との情報を得て、それなら、この時期はウロウロしやすそうだと思ったからだ。

隅田川沿い・隅田公園に最も近い側の山谷堀《さんやぼり》公園を起点にした。

幕府公許の遊郭だった江戸時代に、遊客のアクセスは主に三通りあった。市中から歩いて行くか、駕籠《かご》で行くか、はたまた浅草橋近くの船宿から猪牙《ちょき》で行くか。猪牙とは、舳先《へさき》細く尖った屋根なしの小さな舟のことで、形がイノシシの牙に似ているから、そう呼ばれたとの説もある。猪牙に乗って隅田川をさかのぼり、ここ山谷堀（水路）を通って遊郭入り口近くまで行くのが、陸路よりも優雅で粋とされたという。堀は一九七六年頃から暗渠《あんきょ》化し、山谷堀公園となって久しいが、林立する桜が、土手の決壊予防に植えられた名残だろうか。

この日の山谷堀公園は整然としていた。日雇い労働者と生活保護受給者の多い山谷が近接する。数年前まで、ところどころで見かけた「公園内で寝ないでください」「酒盛りを禁止する」旨の立て看板は、ゼロ。去年まで土だった歩道箇所がブロック敷きに変わっていて、約九メートルの幅がやけに広く感じる。

この公園が水路だったことのもう一つの名残が、橋の欄干だ（欄干もどきの新しいものも含めて）。かつて下流から、今戸《いまど》橋、聖天《しょうてん》橋、吉野橋、正法寺《しょうほうじ》橋、山谷堀橋、紙洗《かみあらい》橋、地方《じかた》新橋、地方橋、日本堤橋の九つの橋が架かっていた。このうち、紙洗橋にまつわる話がちょっと面白い。

紙洗橋の名は、そのまま「紙を洗う」からきている。江戸時代、この辺りで古紙やぼろ布を材料に漉き返し、便所の落とし紙などに用いるリサイクル紙が作られていた。材料を水で冷やす時間に、職人たちは吉原をぞろぞろと騒ぎながら歩いた。しかし、決して登楼はしなかった。これが、「ひやかし」の語源なのだそう。

細長い山谷堀公園の全長は約七四〇メートル。淡い紫やピンクの花をつける紫陽花《あじさい》に心慰められて歩き、土手通りに出た。

土手通りもまた、かつて土手があったことを物語る通り名だ。隅田川の氾濫による洪水を防ぐ目的で、一六二〇（元和六）年に幕府が「日本堤」と呼ぶ堤防＝土手を築いた。日本橋葺屋町《ふきやちょう》（現・日本橋人形町）にあった吉原遊郭が、明暦の大火をきっかけに移転してくるのは一六五七（明暦三）年だから、その三六年後。花見の人たちによって踏み固められた土手が、しっかりとしたインフラになった頃だ。

吉原交番前の街並み

▼▼▼「見返り柳」からソープ街に入る

「見返り柳」に着いた。遊客が吉原から朝帰りするときに後ろ髪をひかれた思いを表しているとかで、数多《あまた》の川柳の題材にもされ、とても有名だが、今はガソリンスタンドの前に遠慮がちにそろりと姿を見せる。ちなみに、柳は、火災、震災、戦災のたびに焼失し、今、立っているのは六代目らしい。

土手通りから左に折れ、「く」の字に曲がった衣紋坂《えもんざか》という、遊客が衣紋をつくろったことに由来する道を進むと、大門《おおもん》のあった場所だ。大門は、江戸時代は黒塗りの冠木門《かぶきもん》、明治期になると鉄のアーチ型の門だった。遊客は、大門の手前にあった引手茶屋で案内を乞うたというが、遊郭がソープランドに変容を遂げた今、それに代わるのが、「情報喫茶」と銘打つ店。

近年、吉原のソープランドの客となるとき、三通りの方法があるようだ。圧倒的に多いのは、ネットで予約し、鶯谷《うぐいすだに》駅前や雷門《かみなりもん》前から送迎用の乗合のバンを利用する方法(これを利用した人が、「乗車前、予約番号と名前を点呼され、夜行バスに乗るときのようだった」と言っていた)。もう一つは、予約なしで吉原エリアにやって来て、店頭に立つボーイに「どう?　写真見て行って」などと声をかけられつつ通りを歩き、その場で店を決める方法。さらにもう一つが、「情報喫茶」に入って、店と女性の情報を提供され、そこを通じて予約する方法だ。

テーブルと椅子が申し訳程度に並ぶ情報喫茶店内で、

「どんな子がいいの?」

と、店員さんが訊く。

「そうね、ぽっちゃり型が……」と男性。

「予算は？」と店員さん、再び。

「できたら三、四万までで」と男性。

少々渋い顔つきになった店員さんが、三冊のファイルを取り出してきて、

「三万台なら、ここら」と。

女の子たちの顔やビキニ姿の写真と、年齢と源氏名、体のサイズといったプロフィールも載っている。

「あんまり若くないほうが……」と小さく声に出し、ファイルをめくっていった男性が、意外に早く「この子」と一人を指した。店員さんが、その女性のいる店へ電話する。

「はい、予約とれましたよ」

お目当ての女性のいる店とはわずかな距離だったが、情報喫茶に車が迎えに来て、男性は乗り込んでいった――。

もう数年前になるが、私は吉原を取材しようと動いた時期があった。いま書いたのは、「取材協力」してくれた知人の男性（当時五八歳）が、ある情報喫茶に入ったときのやりとりだ。情報喫茶の人が了解してくれ、妙だが私も喫茶店内に同伴したのだった。ちなみに、「取材協力」を終えた知人男性が言うに、「三万円代は『松竹梅』の『梅』。『松』は七万、『竹』は五万なんだって」。

今日、そのときの情報喫茶をのぞくと、マスク着用の店員さんが、ファイルではなく

新吉原のお歯黒どぶ（「東都新吉原一覧」歌川広重二世、東京都立中央図書館蔵より）

iPadを手に、マスク着用の客とやりとりしているのが見えた。

▼▼▼苦界か？　それともパラダイスか？

江戸時代の吉原（新吉原）は、田畑に囲まれた一八〇間（約三三〇メートル）×一三〇間（二四〇メートル）の四角形のエリア。お歯黒どぶという幅五間（約九メートル、明治になると二間半＝約四・五メートル）の堀がめぐらされ、さらに高い塀で囲われ、遊女が逃げられない造りになっていた。

江戸時代の「お歯黒」は、既婚女性が夫への貞節を示す意味から顔料などで歯を黒く染める慣習（もしくは通過儀礼）だが、なぜか遊女は吉原でだけ染められた。「私は、他ならぬ吉原のおんなよ」的なプライドにつながっていたと思われるが、その名称が自分たちの逃亡防止用の構造物に使われたとは。おまけに汚水のイメージが免れない「どぶ」とセットとは皮肉だ。

メインストリートの仲之町、それと交わる江戸町、揚屋町、角町《すみちょう》、京町と主要な通りがあった（道割りは、今も変わらない）。初期には、歌や句、書、茶道など何から何まで心得た、上級武士を相手にする太夫《たゆう》がいた。もっとも、元禄（一六八八〜一七〇四年）の頃から大衆化し、やがて太夫の呼び名もなくなった。吉原の女性たちは、財力をつけ始めた町人も相手にした。しかし、引手茶屋からの案内で楼に上がるスタイルは変わらなかったという。

格式の高い花魁《おいらん》は、初回の客とは口もきかず、お茶を飲むだけ。二度目の登楼で少しは話し、三度目にやっと床を共にした。散茶女郎《さんちゃじょろう》と呼ばれ、下級とされた女性でさえ、登楼客とは擬似夫婦のような関係とし、客が吉原を再訪して他の女性のところに行ったなら、容赦なく楼をあげて袋叩きにした……などなど、さまざまに語られるが、みな、貧しい農村から売られてきた女性たちだ。

最盛期に遊女の数は七〇〇〇人を超えた。身を売れるのは二七歳まで。身請けされて吉原から出ていけるのは、一握り中の一握り。のちは遣手婆《やりてばばあ》になるのが一般的である。年季中に、体の酷使や花柳病によって命を落とす者が続出した。明治時代になると、一八七二（明治五）年に芸娼妓解放令が出た。遊郭は貸座敷と名を変え、表向きは座敷を借りた女性が自由営業する体裁となるが、その内実はさして変わらなかった。

遊客の側からパラダイスと見るか、遊女側から苦界と見るか。遊郭経営者側から良好ビジネスモデルと見るか、生み出される文化の側面から見るかなどによって、遊郭ほど概念が異なるところは他にないのでは――。

▼▼▼コロナ禍はここにも

かつての堀と塀で囲まれた閉鎖空間を指し示すものは？　と、キョロキョロするも、無理がある。目に入るのは、大理石風の壁面の店、黒や濃緑色でシックなエントランスの店、見上げると二階、三階に凝ったデザインのテラスがついた店など、営業努力が伝わるが、トータルでレトロ感が漂っている。私の目には、そう映る街並みだ。

きらきらした店の前に、マスクをかけた黒服のボーイさんが所在なさげに立っていた。

「営業、もう普通にしてらっしゃるんですか？」

「うちは昨日からだけど、全然ですよ」

「来ませんか、お客さん」

「昨日は二人だよ、二人」

「でも、二人来られたんですね～」

「そう、たった二人。休んでいても地獄だし、（店が開いて）来ても地獄」

そんなため口トークをちょっぴり。「派遣切りに遭って寮を追い出され、無一文になって、紙袋二つ下げて吉原へ来て、ボーイになった」という人の話を数年前の取材時に聞いたが、その人の給料が出来高払いだったことを思い出さずにはいられない。

お歯黒どぶ跡を一回りしよう。

新緑が芽吹く吉原公園から石段を一〇段ほど降りて、そう、ここがどぶだったのだと。少し進むと、小径の階段に、大谷石《おおやいし》を積み上げた石垣が少し残っている。遺構だろうか。外側の小ぶりの住宅群も見ながら歩き、八〇メートルほど先を左折。交差する道にソープランドが並ぶのが見えたり、どこからか石鹸の匂いが漂ってきたりするが、ごく普通の市中の道路だ。所々に段差が残っているのと、南側の道の中央がグリーンベルトとなっているのが、古地図と今をかろうじて想像でつなげる点々の箇所だ。

▼▼▼界隈には巨大な「非人小屋」

古地図といえば、江戸時代末期の「尾張屋版江戸切絵図」の「今戸箕輪浅草絵図」には、界隈の一画に「非人《ひにん》」「溜《ため》」との記述箇所がある。非人小屋、浅草溜と呼ばれたところである。これらは何か。

近世における非人とは、穢多《えた》と同じく「人外」に置かれた身分だ。

「代々の『非人素性』の者、百姓・町人だったが、犯罪を犯したために非人身分に落とされる『非人手下《てか》』、浮浪状態の無宿者である『野非人《のびにん》』の三類型がありました」

と、のちに東日本部落解放研究所の吉田勉さんに教えてもらった。「非人素性」の者は、子孫も非人身分となる。「非人手下」は一代限り。「野非人」は城下町では取り締まりの対象とされ、捕まると元の居所へ返されるか、非人手下に編入されたという。一七二五（享保一〇）年には、江戸中に「非人素性」と「非人手下」の者を合わせて四八四九人いたと記録される。

「そのうち三二八七人が『浅草・車善七手下』。車善七とは浅草（吉原）の非人頭ですから、江戸中の七割近い非人がここの非人小屋にいたのです」（吉田さん）

江戸市中には他にも品川、深川、代々木に非人小屋があり、それぞれ「非人頭」がいた。車善七《くるまぜんしち》は近世の早い時期に、町奉行から非人小頭を命じられ、当初与えられた浅草元鳥越（現・台東区蔵前付近）から新吉原に隣接するこのエリアに移転させられた。ここ浅草（吉原）の非人小屋はなんと約九〇〇〇坪。善七は穢多頭の弾左衛門《だんざえもん》の支配下にあり、町奉行所の支配を受けていた。

非人の主な生業は、勧進と呼ばれる遊芸や、ものもらい、屑拾いなどで、役務として牢獄や処刑場での雑役や堀の掃除なども担った。そして、「溜」とは牢内で重病になった者や一五歳未満の者らを収容する施設で、その管理も車善七が担った。すなわち、溜の中で働いたのも非人たちである。ここに溜が設置されたのは、遊郭が開かれて三〇年経った一六八七（安永一〇）年で、一九七〇年（明治三）まで機能したという。

そのようなことは、もちろん今や跡形の片鱗もなく、いわゆる「吉原散歩」的なガイドブックにはまったく出てこない。しかし、吉原を歩くなら、かつて江戸を下から支えた非人たちの存在にも思いを馳せたいと思う。

▼▼▼さまざまな事情を抱える「ソープ嬢」

一方で、いつの間にやら吉原の人気スポットになったのが吉原神社だ。吉原遊郭の入り口と四隅に祀られていた五つの社、遊郭に隣接していた吉原弁財天が合祀されている。歴代の吉原の女性たちに信仰され、近年は広く「女性の守り神」として、遠方からも参拝者がやってきている。

石の鳥居をくぐり、拝殿へ。この日は、お守りなどを売る事務所窓口が閉まり、一人、二人の参拝者を見かけるにとどまったが、思い出すのは、過日、事務所窓口の女性職員に聞いたこんな話だ。

「毎日、決まった時間に来て、真剣に願いごとをされている感じの、身なりのきれいな女性が何人かいらっしゃり、『さあ、頑張るわ、今日も』とつぶやく声が聞こえたりします。先日は、四〇代か五〇代くらいのお一人が、『子どもが大学を卒業したので、もう辞めるの』と漏らされ、ほろっとしたことがありました」

七、八年にわたって、ほぼ連日お参りにきていたその女性は、「ソープ嬢」だったに違いないが、その日を境にぴたっと顔を見せなくなったと。今、吉原にあるソープランドは約一六〇軒。一軒に一〇人なら一六〇〇人、二〇人なら三二〇〇人のソープ嬢が働いている計算になる。口にしづらい事情を抱えている女性も多いに違いない。

「もう一〇年選手よ」

と、いつぞや話してくれたのは、伊藤まりこさん（当時三一歳）＝仮名＝。こんな事情だった。

東北地方の出身。専門学校生のとき、大学生の彼氏と同棲を始めた。結婚を約束し、彼氏は実家にも挨拶に行ってくれた。彼氏の大学卒業とまりこさんの専門学校卒業は同じ年。まりこさんは卒業後、就職せず、「結婚までのつなぎ」のつもりでアルバイトした。

ところが、彼氏の心変わりで、結婚が取りやめになった。失意。まりこさんは、アルバイトでは食べていけず、正社員の求人に応募するが、軒並み落ちる。結婚を楽しみにしていた両親に言い出せない。アパートを出て行った彼氏が新しい彼女と暮らし始めた家が、あろうことか、まりこさんのアパートと最寄駅が同じ。駅前のスーパーで買い物する二人の姿を見てしまった日から、「頭がおかしくなった」。

電車に飛び込もうと線路脇に立つも、実行できなかった日に思った。「この辛さから逃れるには、もっともっと辛いことをして、そっちの辛さに浸るしかないんじゃないか」。

まりこさんは、二二歳で吉原に来た。

「やめられなくなった」のは、曰く「最愛の家族」のため。その後のまりこさんの家族は六匹の犬。犬たちと快適に暮らすために広い家を借り、ワゴン車を買った。「今の生活を維持するために、この仕事を続ける」と、まりこさんは確《しか》とした口調で言ったのだった。

▼▼▼「吉原今昔図」から古《いにしえ》を偲ぶ

吉原弁財天に立ち寄り、すっくと立つ大きな観音像に手を合わせる。今は鯉が泳ぐ小さな池に整備されているが、ここはもともと「花園池」という大きな池だった。度々の火災や関東大震災時、逃げ場のなかった遊女、娼婦が飛び込み、折り重なって溺死した。大きな観音像は、彼女らの供養のために一九二六（大正一五）年に建立されたものだ。思うところあって、参りに来る人が絶えないのだろう。この日も、黄色い花束がたっぷり供えられていた。

吉原は、あの時代もこの時代も呑み込んできた地だと、改めてしみじみし、持参してきた「吉原今昔図」をしかと見る。鳶の頭、荒井一鬼《かずき》さん（一九二七～二〇一五年）が、綿密な聞き取りをして作成された「明治二七年、大正一二年（関東大震災時）、昭和二〇年（東京大空襲時）、昭和三三年（公娼廃止時）、平成五年」の吉原の詳細な住宅地図だ。吉原

吉原弁財天の観音像

神社境内に掲げられているのを見て、私は一四年前に荒井さんから分けてもらったのだが、そのとき「日本一の遊郭の本当の姿を残したかった。現存する建物はすべて実寸法を測って、記した」と話されたことが記憶に残っている。

明治期には郭内に両替屋、居酒屋、人力車屋、荒物屋などがあった。大正期に代書屋、戦時中に憲兵隊、公娼制最後の年に寿司屋、ビヤホール、弓場などが見える……。

そうだ、今日の散策は、ますみ寿司で締めよう。

「昭和三三年」のこの地図に「マスミ」と載っている楼が、「ますみ寿司」となって土手通りに今もあり、実は旧知。はたして、今日も開いていた。

ガラガラと磨りガラスの戸を開け、心の中で「わ〜」と歓声をあげる。カウンター上の冷蔵ケースの枠が真紅と漆黒。足下が細かなタイル。小上がりとの間に、結界を渡るかのような意匠。瓢簞《ひょうたん》や扇の形をくり抜いた壁。船底天井……。売春防止法施行直前の一九五七（昭和三二）年一二月三一日のオープン。創業者の増田憲治さんが、遊郭を建ててきた大工に頼んだ。「この先腕をふるえなくなるから、これが最後の仕事だ」と、技術の粋

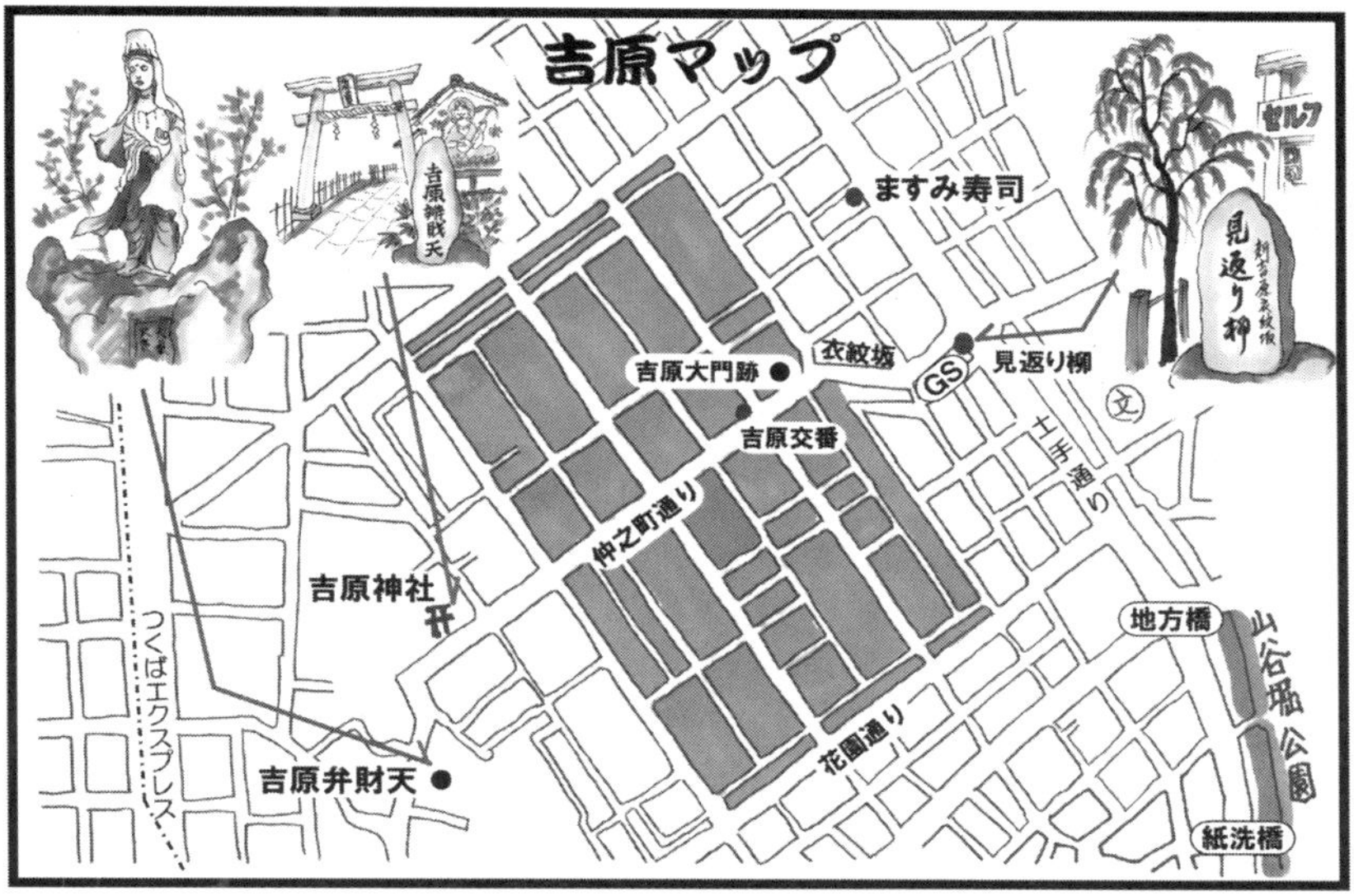

を尽くしてしつらえられた店なのである。

「おやじ、大正二年生まれ。今年が七周忌だけど、一六で房総《ぼうそう》の八日市《ようかいち》場市から出てきて、銀座の寿司屋で修業して、そいで、先見の明があったんだね。吉原で遊郭やって、相当儲けたはず。そのあとここへねえ」

「デビューの前にこまどり姉妹も来たんだ」

二代目のきょうだい（六〇代と七〇代）の話は、何度聞いても興味深い。コハダの酢のもので一杯、畳イワシで二杯、握ってもらって三杯。すみません、重い歴史を歩いたフィールドワークの着地点に、美味を貪って。

（二〇一〇年五～六月取材）

下町篇 2

尾久・枝川・山谷

II

東京初空襲の現場を訪ねて

荒川区尾久

▼▼▼花街として賑わった「第二の浅草」

尾久と書いて「おぐ」と読む。葦《よし》が生い茂る沼地だった江戸初期の文献ですでに「おぐ」だったが、ＪＲの駅だけは「おく」。一九二九（昭和四）年に旧鉄道省が宇都宮線・高崎線の駅をつくるとき、「ぐ」をなまりだと思い込み、濁音を避けたとの説があるらしい。現二三区の北東部、荒川区の北エリア。千住《せんじゅ》の東あたりでぐねっと曲がって東西に流れる隅田川・荒川に近いエリアだ。

この日は日暮里《にっぽり》駅から無人運転の日暮里・舎人《とねり》ライナーに乗って行ったが、尾久の中心「熊野前」に、ものの五分で着いた。南北に尾久橋通り、東西に都電荒川線。少々殺風景で、どこか地方の町に降り立ったような雰囲気がしないでもない。

ところが、ここ尾久には「第二の浅草」だった時期があったという。

一九一三（大正二）年に三ノ輪《みのわ》と飛鳥山下を結ぶ王電こと王子電気軌道（現・荒川線）が開通。翌一四（大正三）年に、その王電沿いの碩運寺《せきうんじ》の住職が境内に井戸を掘ったら、ラジウムエマナチオンが含まれていることが分かり、寺の湯が開業されてどんどん人気が出た。寺の湯はやがて「不老閣」として独立し、追随するラジウム鉱泉の温泉旅館が少なくとも四軒誕生。活動写真館なんかもできる。やがて芸妓《げいぎ》屋や料理屋も開業して花街が生まれて活況を呈した。関東大震災で打撃を受けるも復活。一九三六（昭和一一）年に阿部《あべ》定《さだ》事件が起きたのも尾久だ——と『荒川区の歴史』（松平康夫著、名著出版、一九七九年）などで少しだけ予習してやってきた。

「第二の浅草」は東京大空襲のみならず度重なる戦時中の空襲で木っ端微塵《こっぱみじん》となったわけだが、この本の「空襲の記録」との見出しのところに、こうある。

〈太平洋戦争において、東京が空襲を初めて経験したのは昭和一七年四月一八日の昼である。（略）尾久町九丁目二七九五付近、今の都電熊野前と隅田川の中間点に爆弾・焼夷弾四〇個が投下され、死者九名、重軽傷者三六名を出した（略）〉

実は、ここ尾久こそが東京が空襲を受けた最初の地だったのである。しかし、この本に触れられていたのは奇跡的で、まったくと言っていいほど知られてこなかった。なぜか。

「長い間、箝口令が敷かれたような状態だったからです」

二〇年にわたって「尾久初空襲」の掘り起こし運動をしてきた元荒川区議の瀬野喜代さ

たのである。

ん（六四歳）はそう話す。今日は、瀬野さんに案内してもらって歩こうと尾久にやってき

▼▼▼尾久にB-25が飛んだ日

「一九九九年に初めて区議に立候補するとき、今は亡き自然保護活動家の野村圭佑さんに挨拶に行ったら、『尾久の原の保全と尾久初空襲の伝承に取り組んでほしい』と言われたのが、掘り起こしをするきっかけだったんです」に始まる話を、熊野前駅から都立大学荒川キャンパスの前を通って、その東隣に広がる尾久の原公園のなかで聞く。

ちなみに旧旭電化工業（現・ADEKA）尾久工場跡地に九三年に整備されたというこの公園は東京ドームの約一・五倍と広大だ。野村さんが尽力して実現した都内初のビオトープだそう。原っぱやトンボ池があるほか、一七〇本ものしだれ桜が植栽されており、清々しい。この日は鳥たちの鳴き声がBGMだった。

「一九四二年四月一八日は真珠湾攻撃から四カ月しか経っていないでしょ？　アメリカ本土への先制攻撃やフィリピン、マレー半島の占領など、日本軍の成功に浮かれていた頃。なので、これ見てください、嘘ばっかり」

瀬野さんがリュックから「昭和十七年四月十九日」の新聞二紙を取り出して見せてくれ

た。見出しが、こう。

けふ帝都に敵機来襲
九機を撃墜、わが損害軽微
沈着な隣組の大活躍（朝日新聞）

敵機が何だ・帝都は泰然
日頃の訓練　この腕だ
焼夷弾も忽ち消止む
初の見参　防空軍大手柄（毎日新聞）

二紙とも尾久を「北部」と濁し、場所を伏せた上での記載。「敵機」が来襲したが、「撃墜」した。日頃の防空訓練のおかげで、焼夷弾は消された。傷は浅かった。犠牲者も出なかったかのように報じているのだ。「いけしゃあしゃあと。新聞がもう軍の広報紙になりきっていたってことですね」と私。

指揮した中佐の名前からドーリットル空襲といわれる。Ｂ－25爆撃機一六機が、米海軍の航空母艦ホーネットから発進され、日本本土への初空襲となった。一六機のうち一三機

瀬野喜代さん

尾久の原公園にある都内初のビオトープ

初の東京空襲で焼失した尾久地区（ジャパンアーカイブズより）

凧揚げをする吉村とアメリカ軍のドーリットル機
（澤野孝二画・提供：吉村昭記念文学館）

が東京、三機が名古屋と神戸へ向かった。東京では早稲田、葛飾にも爆弾が投下されるとともに、尾久には第二機により、正午過ぎに爆弾三個と焼夷弾が投下されたのだ。

「当時、作家の吉村昭さんは日暮里に住んでいて中学三年生だったんですが、その日は土曜日で学校から帰って屋根の上の物干し台で凧をあげていた。すると爆音が聞こえてきて、双発機が低空を飛んで行くのを見た――と、随筆に書いているんですね」と、瀬野さんは『東京の戦争』（吉村昭著、ちくま文庫）も見せてくれる。ほんとだ。吉村昭さんは、〈ハワイ奇襲以来、日本軍は優勢に戦いを進め、連戦連勝が報じられていたので、私はそれが敵である米軍機などとは思いもしなかった〉と続けて書いている。

「日本軍の飛行機だと思って、手を振った人もいたんですよ」と瀬野さん。

その日は雲ひとつない晴天だったらしい。まるで今日のように、と空を見上げる。公園内の歩道をゆっくり歩く私たちを、中学生の男の子たちがふざけ合いながら追い抜いていく。ジョギングする、黄色いウェアの若者とすれ違う。妙だが、二〇二一年春、コロナ禍といえども私たちは今、平和で穏やかな光景を享受していると殊更に思えてくる。

▼▼▼体験者を掘り起こす

尾久初空襲は、ソーダと油脂を製造していた旭電化の工場が狙われたからだと言われてきたが、米軍の記録によると、標的は「高い煙突が目立つ場」。すなわち旭電化の隣にあった鬼怒川《きぬがわ》火力発電所だという。わずかにはずれ、爆弾三発とも住宅地に落ちたのだ。死亡者一〇人（警視庁警備係調査）、重軽傷者四八人、全焼全壊家屋五二戸、半焼半壊家屋一四戸にのぼった。

「被害甚大。さきほど『箝口令が敷かれたような状態』とおっしゃいましたが、どういうことですか？」と訊く。

「私、区議になった九九年から被爆地周辺で聞き取りを行ったんですが、一人として体験した人に出会えなかったんですね」と瀬野さん。

当時、もし一〇歳で体験していたら六七歳、二〇歳で体験していたら七七歳。存命の体験者たちが大勢いたであろうにもかかわらず、である。体験者探しの過程で、「遠藤さん」宅の庭に「熊野土地区画整理組合」の立派な記念碑が空襲の約一〇年後に建てられていることが判明する。尾久初空襲の被害を受けた地元住民が、当時の東京市とともに区画整理を行い、道路などを復興したことを顕彰したものだ。しかし、教育委員会が「資料的価値なし」と判断。捨てられそうになったが、なんとか「荒川ふるさと資料館」に保管された。しかし、展示されるには至っていないという。

瀬野さんは実行委員会形式で、翌二〇〇〇年から、隅田川にかかる尾久橋のたもとで「尾久初空襲被害者慰霊のつどい」を毎年開催する。

「初めて体験を告白してくれる人が現れたのは二〇〇八年でした。四二年に尾久国民学校一年生だった田村正彦さんという方。『台所で水を飲もうとした瞬間、爆弾を受け、爆風で約三メートル吹き飛ばされた』と明かしてくださった。直撃弾を受けた隣家は、家族六人が爆死、三人が病院で死亡したとも……」

その田村さんは定年まで教職にあった人で、〇八年当時は「尾久橋町会」の会長だった。半世紀以上も空襲体験を封印し、いわく「墓場に持っていくつもり」だったのは、空襲直後に大人たちに口止めされた上に、無言の圧力があったからだという。「時局に関し、人心を惑乱すべき事項を流布したる者は一年以下の懲役、もしくは禁錮または八〇〇〇円以下の罰金に処す」などと「言論・出版・集会・結社等臨時取締法」が一九四一年一二月二一日に施行されていて、空襲について語るのを避けることが国民の義務であると感じるようになっていったからだと、瀬野さんは徐々に分かってきたそうだ。

田村さんはやがて尾久初空襲の記憶を風化させてはいけない、自分の体験を語り継いでいかなくてはならないと思うようになり、体験者、情報提供者を探す瀬野さんに協力する。また、名乗り出た翌年から「尾久初被害者慰霊のつどい」に積極参加。このつどいは「尾久初空襲を忘れないコンサート」に発展し、一連の流れのなかで、ほかにも体験者の名乗り出を得る。

「みなさんの協力を得て、三カ所の爆心地を特定することができました」と瀬野さん。区内の小学校・中学校で、体験者が「語り部」となる授業が展開され、副読本に掲載されるまでになったが、高齢になった彼らが亡くなっていくことは免れない。

「今、ご存命の体験者がお一人だけになってしまっています」

その方に会わせていただけることになった。

▼▼▼友人を爆撃で亡くす――堀川喜四雄さんの証言

さて、尾久の原公園を抜けきると、目の前は隅田川だ。中洲、荒川を経て、川向こうに足立区。空が広いなあ。フェンスに多数のユリカモメが等間隔にとまっている光景をスマホで撮ったりして、小休止する。土手の芝生の上に、キャンプ用のテーブルと椅子をセットし、ノートパソコンを広げる白人男性がいたので、

「快適そうですね」

と、ちょっかいを出してみる。

「はいー」とニッコリした彼は、「あと一一分で、ここからオンライン授業」と。

英会話スクールの先生だというジムさん。コロナ禍、ずっと家の中でオンライン授業をやってきて「疲れた」から飛び出してきたそうだ。ステキな試みですね。

「ご出身は？」

堀川喜四雄さん

「カリフォルニア」

ドーリットルもカリフォルニア出身だ。調子にのって「ジミー・ドーリットル、知ってますか?」と尋ねるも、「ノー」ときっぱり。

「その人、誰ですか」

「戦時中のアメリカのパイロットで、この上に来て……」

むちゃくちゃに英単語を並べた説明に、少しの間だけど耳を貸そうとしてくれて、ありがとうジムさん。

閑話休題。尾久橋通りを渡って住宅街を進むと、熊野前保育園の前に「東京初空襲の地」と書いた説明板があった。その説明板から得た新しい情報は、〈当時、干潮時で、消火に隅田川の水を利用することはできなかったが、地域の人々の尽力により、一三時五〇分に鎮火した〉。

二時間近く火の海だったということか。

その説明板から徒歩二、三分の道路で、九歳のときに空襲を体験した堀川喜四雄さん（八八歳）が待っていてくださった。

「そこが堀川さんのお宅だったところですよね」と瀬野さんが、今は真新しい二階建て住宅が建っている場所を指す。

「そうそう。五メートルほどの道をはさんで向こう側、駐車場

堀川喜四雄さんが逃げるときに通った華蔵院

になっているところが下川美佐男くんの家でした」と堀川さん。

「美佐男くん」がキーのよう。挨拶もそこそこに、空襲時のことを聞かせていただいた。

「私、お昼過ぎに学校から帰って、家のなか、一人だったんです。ちょうど母方の祖母が新潟から遊びに来ていたときで、母は祖母と弟を連れて渋谷の親戚に行っていたから。飾ってあった五月人形から刀を取り出して遊んでいると、ドカーンとすさまじい音が響き、あっという間に家中が火の海になった」

とっさに自分の貯金箱と母の革バッグをつかみ、台所の窓から命からがら脱出した。外に出ると、魚の行商のおばさんが倒れ、右手がちぎれ飛んでいたことを覚えている。

まったくの不意打ちだった。空襲警報が鳴り響いたのはしばらく経ってからだ。

「隣の下川しまさんというおばさんが『ついてきなさい』と言ってくれ、裸足のまま華蔵《けぞう》院《いん》を通って一五分ほど必死で歩き、小台《おだい》橋を渡って足立区の方へ避難した。高台から、うちの方が燃えているのが見えました」

下川しまさんの子ども四人のうち、一緒に避難したのは一二歳の男の子、一〇歳の女の子、二歳の男の子の三人。堀川さんの友だちだった八歳の美佐男くんだけいなかったが、「どこか外で遊んでいるはず。誰かに避難させてもらうだろう」と見切り発車だった。

「美佐男くん、家にいたんですね。倒れた家の下敷きになって亡くなった……」

その体験を二〇一〇年に瀬野さんたちのイベントに参加するまで口にしなかった理由を尋ねると、「楽しい思い出じゃないし」と答えてから「学校の先生に口止めされていた」とやはり。妻や子どもにも話してこなかったという。

瀬野さんが、「七〇年間ずっとしんどかったでしょう?」と水を向ける。

堀川さんは、一呼吸も二呼吸も置いてから「いや、ずっとではなくて」とポツリ。空襲のこと、美佐男くんのことが頭の隅っこにずっとあったことはあったが、「日常が忙しかった」と。

でも、語って胸のつかえが下りた。

「語って、戦争の本当のことを伝えることが、美佐男くんの供養だと今は思っています」

堀川さんは還暦を過ぎてから油絵を習い、自身が見た惨状を描いているという。頭が下がる。

尾久初空襲から八〇年。今は小ぶりの住宅の密集地だ。保育園の前の説明板と堀川さんの語りがなければ、空襲はどこにも「見えない」。堀川さんが避難するときに通ったという華蔵院に足が向いた。

▼▼▼ドーリットル空襲の報復として多数の中国人を殺戮

華蔵院は真言宗豊山《ぶざん》派の古刹で、古くは寺子屋があった。その跡に、一八七八（明治一一）年に公立尾久小学校の前身の学校が開校したそうだ。境内にはクスノキの大木の下に、空襲のはるか前、享保、宝永、寛永、元禄などと記された古い墓石がまとめられている。本堂とそれらの墓石に手を合わせる。境内で瀬野さんがふとこんなことを口にした。

「被害を調べていたら、加害に結びついちゃったんです」

ドーリットル爆撃隊は、当初から空母への帰還を考えていなかった。一機はロシア・ウラジオストックに不時着したが、あとの一五機は中国大陸に離脱した後、乗員はパラシュートなどで脱出した。その大半が中国で助けられて米国に帰還し、英雄扱いされたものの、八人が直ちに日本軍の捕虜になり、うち三人は処刑されたという。瀬野さんが言う「加害」はもっと遠大だ。

日本軍が、B－25が着いた中国・浙江《せっこう》省の飛行場を破壊する計画・浙贛《せっかん》作戦を立てる。チフス、ペスト、赤痢を撒布する細菌戦を実施した。また、映画『ミッドウェイ』（ローランド・エメリッヒ監督、二〇一九年）が台湾とアメリカのテレビで、「ドーリットル空襲の報復として日本軍は東中国二〇〇〇マイルを突進、行く先々で米軍の協力者を探して村人を拷問。三カ月で中国兵士と国民二五万人が殺戮《さつりく》された」とテロップを付けて放映した――と聞き、背筋が寒くなった。

瀬野さんは二〇一九年に区議を〝卒業〟。今後、加害について本腰を入れて調べるそうで、「何か情報があったら、教えてください」と頼まれてしまった。

瀬野さんと別れてから、近辺をもう一回り。年季の入った煙草屋さんがあり、ショーケースに木をくり抜いたような「明治時代のたばこ盆」や細やかな竹網代が美しい「大正のタバコケース」が非売品と書いて飾られている。寄ってみる。

店主は、辛子色のチュニックがお似合いの女性（八〇歳）で、

「明治のたばこ盆も大正のたばこケースも、祖父が使っていたものよ。捨てるのもなんだから飾っとこうかとね」

と、お茶目な人だったので、「このあたり、空襲あったんですよね？」と振ってみる。

「私は三歳か四歳だったから、自分の記憶にはないなあ」とおっしゃる。「大人からは、防空壕がやられて、なかに入った人たちが死に、入らなかった人たちが助かったと、よく聞きましたけど」とのこと。これは初空襲ではなく、後の空襲のことだろう。尾久は四五年二月一九日、二六日、三月一〇日、四月一三〜一四日、五月二五〜二六日と、五度も空襲を受けている。

「物心ついたとき？　焼けちゃってみんな出ていき、田んぼと畑でしたよ、まわりは。だ

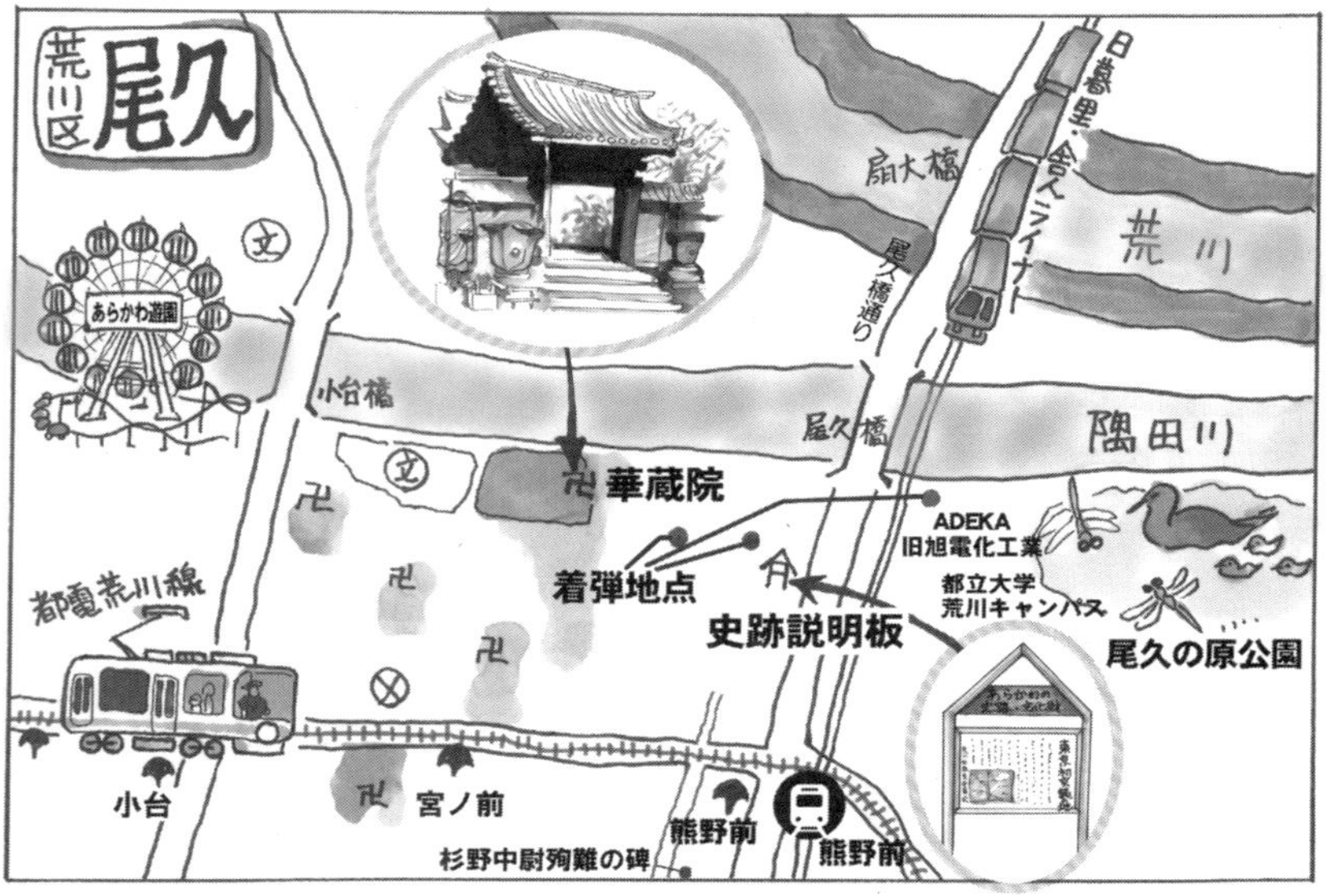

んだんと旭電化の工員さんたちが住む棟割長屋が出来てきて……。みんなお金ないでしょ。煙草をここで紙に巻いて、一本ずつバラ売りでしたねえ」

そんな昔話を聞いた後、「このあたりの名所を教えて」と私。

「都電通りを渡ると商店街だから、まっすぐ行って」とアクセス案内付きで教えてくれた場所へ向かう。

小さな公園に「杉野中尉殉職遺跡」と彫られた大きな石碑。国内の初飛行から七年後の一九一七（大正六）年三月二五日、陸軍工兵中尉、杉野治義が、陸軍野外飛行で下志津《しもしづ》（千葉県）から所沢（埼玉県）に帰航中、突風に煽られて尾久村に墜落したそうで、その慰霊碑だ。

物知りの煙草屋店主は、「岩波ホールに

高野悦子さんっていう支配人がいらしたでしょ。杉野中尉は、あの方の伯父さんなんだって。高野悦子さんが生前、慰霊祭に来られていましたよ」とも教えてくれたのだった。

尾久の町の負の歴史を体に吸収した一日。西日に照らされて走る都営荒川線に乗って帰路につこう。ゆるりとしたスピードと車窓からの素朴な景色に心がほどけていく。空襲も箝口令も飛行機事故もない日々が続きますように。

（二〇二一年三月取材）

朝鮮学校とともに生きる

江東区枝川

▼▼▼朝鮮人をゴミ焼き場に強制移住

地下鉄有楽町線の豊洲《とよす》駅を降りて、三ツ目通りを朝凪《あさなぎ》橋の方向へ。運河を渡りつつ振り返ると、水辺に四、五棟のタワーマンションが聳えている。なにせ豊洲は、近年、新築マンションが急増したエリアだ。高級志向のファミリー層や富裕層がこぞって買い求めたと聞く。しかし運河を渡りきると、その風景はがらっと変わる。

右手の白い集合住宅が飾り気がなく公設っぽいな——と思ったら、やはり都営アパートだった。角に「枝川交番」のある交差点を右に折れる。今回の目的地は、その先に広がるコリアンタウン・枝川（江東区）である。

「私は一〇年以上前からここにいますが、物騒な事件とかまったくないですね。治安いいですよ」

交番で道を聞いたついでに、「この辺り、静かですね」と言うと、年配の巡査がそう返した。「古くからの交番みたいですね」と被せると、「ええ、たぶん」。

あらま。この巡査はご存じないのかしら。この交番が戦前から枝川地区の〝見張り番〟として君臨したことを。

枝川は、四方を運河に囲まれた埋め立て地だ。コリアンタウン歴は約八〇年に及ぶ。埋め立ての完成は一九三八（昭和一三）年。運河が縦横・枝状に走るさまが町名になった。しばらくは、葦《よし》が生い茂る荒れ地で、ゴミ焼き場と消毒所しかなかったが、突然、東京市が二三棟もの長屋を建て、朝鮮人を収容したのが一九四一年だったのだ。

なぜか。

東京オリンピックが一九四〇年に開催されると決まり、江東地区では浜園・塩崎（現塩浜）地区が会場用地等とされた。その付近にはバラックが点々と建ち、朝鮮人が住んでいた。オリンピックには海外から選手や要人もやって来るから、みっともない光景を消さなければとバラックを強制撤去し、移転をさせようとした先が枝川だった。戦争でオリンピックが中止されるも、バラックの撤去計画は進み、朝鮮人をゴミ焼き場の悪臭とハエが激しい土地に強制移住させたのである。

▼▼▼枝川のランドマーク――東京朝鮮第二初級学校

さて、交番の交差点からつづく四車線道路は、整然としている。歩道沿いに食堂、居酒屋、銭湯などを見かけるが、交通量はてんで少ない。ものの三〇〇メートルほどのところに東京朝鮮第二初級学校があった。

ハングル語と日本語に加え、「Tokyo Korean Primary School II」と表示されていた。小学校にあたるアメリカ英語はエレメンタリー・スクール（elementary school）だが、プライマリー・スクールはイギリス英語だそう。在日本朝鮮人総聯合会（以下、朝鮮総連）傘下の学校だ。白とエンジ色のモダンな校舎。

「一九四六年一月の創立。隣保館を改造して、寺子屋のように始まった民族学校です。この校舎は二〇一一年に竣工した三代目です」

宋賢進《ソンヒョンジン》さん（五六歳）が説明してくれる。現在、東京朝鮮第一初中級学校（荒川区）の理事会会長。この校舎への建て替えのとき、さらに二〇〇四年に東京都から明け渡し裁判を起こされ、二〇〇七年に和解するまでの間もこの東京朝鮮第二初級学校の校長だった人だ。

――在校生は何人ですか？

東京朝鮮第二初級学校の外観

宋賢進さん

1953 年当時の枝川の街頭（上）『アサヒグラフ』（1953 年 8 月 19 日号）より、と現在の路地裏

「私が校長をしていた頃は六、七〇人でしたが、今は三〇人台ですね。私も卒業生で、私が生徒だった七〇年代は一五〇人くらいいました」

——地元枝川の子たちが通っているんですか？

「今は枝川だけじゃなく江東区内のほか中央区、港区、江戸川区などからきていて、スクールバスを出しています」

——授業は朝鮮語で？

「もちろんです。日本の学校と違うのは、朝鮮の地理と歴史の授業があることですね。ほとんどの子が学校に上がるまで日本語しか話せませんが、ちゃんとできるようになる。あ、社会科のなかで、日本の公民や地理も教えますよ」

今日は、宋さんに案内してもらって、枝川を歩く。

▼▼▼「闘い」と「相互扶助」の歴史

宋さんは、まず学校の正門脇に掲げられた、子どもたちの群像の壁画「枝川の子」（辻耕／作）を指して、「子どもたちがブルーの色の上にいて、前と後ろが黄土色でしょう？玄界灘を想って制作されました」と。

黄土は、太陽の光を浴びてエネルギーを蓄えた土だ。この学校の子どもたちの祖先は皆、玄界灘を渡ってきたのだと思いを馳せる。

その壁画の左右に記載された、大勢の朝鮮名、日本名に目をとめると、「東京都の明け渡し裁判のときから新校舎建設まで支援してくださった人たちです。教育は根源的なことだからと日本人からも韓国の人からも支援をいただいたんですよ」。

そして正門を出ると、道路の向こう側に、草が生い茂っただだっ広い空き地が、いやが応でも目に入る。

「あれは、未だに放置状態の一二〇〇坪の都有地です。二〇〇〇年に住宅の土地の払い下げが完了しましたが、そもそも払い下げは、ごちゃごちゃな土地に七メートル道路をつくって災害に強い町にする前提だった。あの都有地は区画整理に引っかかる家の代替え地なのに、都は手を付けず二〇年……」

枝川は、住宅についても学校についても、東京都と闘ってきた地だ。

『東京のコリアン・タウン──枝川物語（増補新版）』（江東・在日朝鮮人の歴史を記録する会編、樹花舎《きのはなしゃ》、二〇〇四年）の力も借りて、時系列にざっと整理すると、枝川の歴史はこうだ。

・一九四一年、東京市が建てた簡易住宅（二三棟の長屋）に、朝鮮人一九四世帯が移転。一〇〇〇人を超える「朝鮮人部落」ができる。

・一九四六年、「隣保館」を無償で借り受け、国語（朝鮮語）講習所（のちの東京朝鮮第二初級学校）開設。

- 一九四九年、深川事件（後述）。
- 一九五五年、東京都、東京朝鮮学園（東京朝鮮第二初級学校など）を準学校法人として認可。
- 一九六四年、東京朝鮮第二初級学校の新校舎が竣工。
- 一九七二年、学校用地について美濃部都知事と、七〇年に遡って二〇年間の無償貸与付契約が結ばれ、「期間満了の際になお学校用地として継続使用する必要がある場合は協議し善処したい」と覚書を交わす。
- 一九九五年、東京都から住宅地の払い下げ要請がはじまる。
- 二〇〇〇年、住宅地の払い下げ、解決策合意。二二〇戸余りに計一万二六〇〇平米が払い下げられる。
- 二〇〇三年、東京都が東京朝鮮第二初級学校の土地の明け渡しを求め、提訴。枝川裁判がはじまる。
- 二〇〇七年、和解。校庭の所有権が学校に移る。
- 二〇一一年、東京朝鮮第二初級学校、三代目新校舎が竣工。

かつて二三棟の長屋が建っていた地は、学校の南東側に隣接していた。表通りこそ整然とした家並みだが、そこから見える路地の両側に小さな家が折り重なるように建っている。「生活擁護同盟と住宅管理委員会という二つの組織があり、地域を在日住民で自主管理し、守ってきたんです」と宋さん。

自主管理の極みが、戦時中の相互扶助だ。一九四五年三月一〇日の大空襲のとき、枝川にも五〇近くの焼夷弾が落ちたが、隊を編成した男たちが落ちたところへ急行し、消し止めた。おかげで、枝川は奇跡的に焼けなかった。翌日から、焼土となった本所などから日本人がどんどん流れてきた。その数、数千人。枝川の人たちは、自分の家を開け放し、服や布団、食べ物を提供した。以来、日本人も住み始める。と、あたたかい話を書いたが、枝川が周りにどう見られていたか。一九四九年に起きた深川事件（枝川事件）が象徴的だ。

警察官が枝川の住所はおろか、枝川にいた人全員に警戒検問し、過度に逮捕した事件だ。発端は月島警察署管内で集団窃盗事件が起き、主犯が朝鮮人で、枝川へ潜伏したこと。警官が見つけてピストルを放ち、主犯が負傷した。「朝鮮人だから発砲したのだろう」とこれに怒った枝川の住人たちが、その警官を軟禁した。すると、警視庁は六〇〇人もの警官を出動させ、内偵とともに枝川に架かる橋に検問所を設置。通行人全員を検問するという暴挙に出た。結果、枝川から逮捕者を続出させた――のである。

この事件に関し、『日本評論』一九四九年七月号（日本評論社）に、「枝川の一青年」がこう話している（『東京のコリアン・タウン　枝川物語』より）。

「深川事件なんか、全く新聞の捏造で、全部が全部密造とバクチばかりやっているように云っている。（略）ひとつも僕たちの話を載せていない。カストリをつくったり、バクチをやるのはごく少数で、それは何も朝鮮人にかぎらない。われわれは皆で会議をひらいて窃盗やバクチをやる者がいたら、民主的に総意的に忠告して、きかなかったらここから出て行ってもらうということを決議さえしている」

マスコミが枝川に対し、いかに差別的な誇張報道をしていたか。権力者には治安の対象、一般の日本人にも色眼鏡で見られていたと類推できる。

▼▼▼土地払い下げ問題に揺れた

「朝日児童遊園」という、カラフルなブランコや滑り台のある公園にさしかかった。「あさひ」と読んでいいそうだが、「朝鮮の『朝』と日本の『日』なんです。朝鮮人の子どもと日本人の子どもが仲良く遊ぼうと願って名づけられたそうです」と聞き、ほろっとさせられる。

つづいて、ものすごい光景を見た。

色あせ、半ば擦り切れた青いトタンに覆われた全長三〇メートルほどの二階建て。一九四一年に建てられた長屋が二棟、残っていたのである。一部屋の面積から「一〇畳長屋」と呼ばれてきたそうだ。外からも、共同トイレ、共同水道らしきところや、中央を貫く暗い通路が見える。

これほどの状態の建物を見るのは私の人生で二度目だ。大阪市西成区の飛田《とびた》新地付近の小道に迷い込み、巨大な木造長屋に出くわしたとき、目を白黒させたことがあった。一五年前だ。構造が似ている。あの長屋には、当時四人が住んでいた。元鳶職と元飛田の曳き子の夫婦と、足を引きずるおじいさんと、いつも不機嫌な顔をしている若いお兄ちゃんと。ここももしや現役？　ひゅっと覗くと、通路に自転車が置かれているじゃないか。飛田の長屋は一〇年前に取り壊された。ここに今も住む人がいることに、驚きを隠せない。

加えてここには、一〇畳長屋にものの見事にくっつき、一体化して建っている家々があったことにも、かなりかなり驚いた。

「払い下げ問題が出てくるまで、誰も建築法のことなんて考えてなかったですから。少しでも広くしたいと、みんな必死に建て増ししたり、新築したりしたんですね」と、宋さん。

切羽詰まったエネルギーは、このエリア全体に息づいている。何しろ、路地の両端が直線でない。「ここまで私の陣地」と主張するように、好き放題に路地にはみ出して家々が建っているのだから。

「権利の売買によって、出て行く人も新たに入って来る人もいて、一九九〇年代には、二二〇戸の住人の七割がたが、日本人に変わっていました」

いずれにせよ土地問題を解決するため、東京都と住民間で交渉が繰り返され、二〇〇〇年に合意をみて地価の七パーセント（坪七万円）で住宅地が払い下げられた。そのなかには、学校が所有していたガレージも含まれ、学校名義で払い下げを受けたそうだ。

その後、次は学校の土地問題だ——と和やかに協議が進められていたのに、東京都が突然、手のひらを返した。学校を「不法占拠」だとして明け渡しと賃借料四億円余を請求し、提訴したのだから理不尽すぎる。

同胞をはじめとする多くの人たちに支援の輪が広がり、三年三カ月にわたる裁判。和解金、一億七〇〇〇万円を学校が支払うことで、決着がついたのが二〇〇七年三月八日。

「それからがまた大変でした。そんなお金はどこにもありませんから」

ここに日用品を売る店、道路を挟んで隣に食料品を売る店があった——と聞きながら歩いた、いわばメインストリートは、どこか見覚えがある。と思いきや、井筒和幸監督の映画『パッチギ！ LOVE & PEACE』の舞台となったところだった。

その二つの店は学校の所有地だが、必要とされた時代を終えて貸し駐車場に。あと三カ所は売却するなど、和解金を工面したそうだ。ちなみに売却した土地には、今、建売住宅が屈託なく並んでいる。

鉄クズ拾いから始まった——在日一世の軌跡

ところで、かつての枝川住人はどんな仕事をしていたのか。

「鉄クズ拾い——ゴミ焼き場に入って金目のものを拾って売る、今でいうスクラップ業が多かったですね。あと、石川島の造船所で働く人たちとか、いわゆる土方とか」

宋さんによると四五年の解放時、日本には約二四〇万人の朝鮮人がいた。その後帰国した人たちも少なくなく、現在の在日人口は日本各地に約六〇万人。そのうち約半数はニューカマー。もっとも帰化した人を含めると一〇〇万人を数えるそうだ。そんな基礎知識もレクチャーしてもらい、そして最後に宋さん一家の物語もちらりと聞いた。

「両親とも一世。お父さんが総連の活動家だったので、お袋は四キロほど北の扇橋《おうぎばし》で焼肉屋を切り盛りして、食べさせてくれました。一二歳まで枝川に住んでいたんですが、その後扇橋へ越した。五人きょうだいの三番目。お兄さんとお姉さんは帰国しました……」

後日、ずっと枝川に住み続けてきた人にお会いできた。広い道路沿いで居酒屋「亜楽」を経営する方世杰《パンセグォル》さん（六七歳）。自身の五〇年代の原風景をこう話す。

「あちこちに、将棋をやっている白いチョゴリを着たおじいさんたちがいましたね。お母さんたちが料理を作って、お年寄りたちがバクチをしていたりするお葬式の光景も覚えていますか」

父は慶州南道鎮海《チンヘ》から三一年に一八歳で、母は慶尚北道大邱《テグ》から二七年に四歳で来日した一世。父は廃品回収からプラスチック加工業に転じた働き者だったが、「苦労話をしないんです。こちらから触れるのはかわいそうな気がして、あまり聞かなかったですね」。

七人きょうだいの長男。高校までずっと朝鮮学校だったので、「周りに日本人がいないし、特に差別を感じたことはなかった」。しかし、家業を継ぎ、おもちゃ製造に転換して切り盛りした約二〇年間、日本名を使ったのは、「本名ではやりにくかったから」だ。製造業が価格面で中国製に勝ち目がなくなった九〇年代に廃業。新橋に焼肉店を開いたが、BSE（牛海綿状脳症）、O157に襲われた時期と重なり、一〇年ほどで閉めた。自宅を建て替え、家族で居酒屋「亜楽」を開いたのはその後だそう。

「隣が銭湯なので、銭湯帰りの人が一杯飲みに来る店にしたいと思ったのですが、そういう人は月に一人だけ。近くに住むサラリーマンとか日本人のお客さんが多い」そうで、「メニューは？」と聞き、「普通の居酒屋メニューだけど、チヂミやイカフェも。客単価二〇〇〇円」などとつれづれ話をするうち、私に刺さったのは、次の二つ。

「親しくなったお客さんに、『マスター、あっちの人？』と聞かれることがあるんですよ。『あっちじゃなくて、そっちですよ』と、はぐらかすんですが、いい気はしませんね」

「もっと屈辱的なのが、『マスター、日本人と変わんないよ』と言われること。僕が喜ぶ

と思って言っているんでしょうが、逆なんですよ。そのつど『そうじゃないんだ。違いがいっぱいあるんだ』って言いますよ」

この日、方さんと別れて、夕方の枝川をもう一回りした。改めて、表札に朝鮮名と日本名の両方が書かれた家が多いなあと、ついきょろきょろ。

「どこ、探してる？」

と、路地でストレッチをしていたアイボリーのジャージのズボンに白シャツ姿の年配男性が声をかけてくれた。

いえ、ちょっと取材で歩かせてもらっていますと答え、「一世ですか、二世ですか？」と聞いてみる。

「一世。八八歳。私はね、茨城県からここに来て六十何年」とすらすら。うわっ、枝川の酸いも甘いも体験されてきたんですね、

と続けた私に、少しの笑みをたたえて、

「昔のことは全部わすれた。今は極楽よ」

両手を上に伸ばし、おもむろに左右に揺らしながら、「今は極楽、極楽」と繰り返されたのだった。


（二〇二〇年八〜九月取材）

かつて労働者の街があった

山谷

▼▼▼「解体新書」誕生の地・小塚原刑場周辺から

六月から八月にかけて山谷を歩いた。

時おり来ているため、地図は読める。浅草の北方二キロほど。山谷《さんや》の人たちは八重洲《やえす》、上野、浅草などからの路線の都バス利用率が高い。しかし、今回は都合、ＪＲ常磐《じょうばん》線の南千住駅《みなみせんじゅ》を起点とした。

駅のすぐそばに「骨通り《こつ》」と呼ばれる道路があり、その向こう側に徳川家ゆかりの葵紋を壁に付した回向院《えこう》。江戸時代、この辺りに鈴ヶ森（現・品川区）とともに江戸の二大仕置場の一つ、小塚原《こづかっぱら》刑場があり、二〇万人もの人々が処刑されたと言われる。回向院は、処刑者を供養するために一六六七（寛文七）年に開創された。境内の右奥に、安政の大獄で獄死した吉田松陰、橋本左内や、かの大泥棒・鼠小僧次郎吉らの墓所があるほか、本堂

首切り地蔵（延命寺）

入り口近くには「観臓記念碑」なるものが目を引く。「観臓」とは「臓器を観る」という意味。処刑した遺体の幾分かは腑分け（解剖）された。

一七七一（明和八）年、杉田玄白や前野良沢らがオランダ語の解剖図付き医学書を手にやって来て、腑分けを見学した。彼らは解剖図の正確さに驚いて発奮し、その医学書を翻訳する。そうして誕生したのが、あの「解体新書」なのである。

「腑分けはどのようにして？」と、寺務所で聞いたことがある。少しちぐはぐな答えがこうだった。

「とびぬけて上手な老人の手による腑分けだったと伝え聞いています」

調べて分かったのは、杉田玄白が『蘭学事始』に、その老人を「えたの虎松の祖父―齢九十」と回想していること。

南側の延命寺には、一七四一（寛保元）年建立の巨大な「首切り地蔵」が、地下鉄日比谷線の高架を仰ぎ見るように建つ。小塚原刑場での処刑の多くが打ち首だった。供養の地蔵だ。黄色いひまわりの花が供えられていた。

そんな寄り道をしてから、いざ山谷へ。ＪＲの貨物線をまたぐ大きな歩道橋を渡る。そこから、骨通りが吉野通りと名を変えた道路を三分も歩くと、泪橋《なみだばし》の交差点だ。かつて流れていた川にかかった橋の名が残っている。小塚原刑場に連れて行かれる罪人と身内との今生の別れの場だったとされる。

泪橋交差点を越えて山谷へ

そんな由来を「知らね～よ。ど～でもい～んだよ」と言ったのは、炎天下の午後、交差点角で缶コーヒーを握ってしゃがみ込んでいたジローさん（六九歳）だ。山谷に暮らして八年ほど。「泪橋のこっち側が山谷《ヤマ》。セブンイレブンよか向こうへは用がね～。行かね～」と機嫌が悪かった。

セブンイレブンは泪橋の交差点の角にあり、扉に「台東日本堤2丁目店」「世界本店」と店名が二つ。「焼酎が日本一売れた」伝説の立ち飲み屋「世界本店」の跡である証だ。

山谷は一九六八年に「台東区浅草山谷」の地名が地図から消えても存在し続けている通称だ。一定年齢以上なら、フォークの神様と言われた岡林信康が〈今日の仕事はつらかった　あとは焼酎をあおるだけ　どうせどうせ山谷のドヤずまい　ほかにやる事ありゃしねえ……〉と唄った「山谷ブルース」を思い浮かべるのではないか。住人たちは「ヤマ」と呼ぶ。

今、泪橋交差点の先には、作業着の販売店やリサイクル店、「24時間100円」「月極め2000円」のコインロッカー、映画喫茶「泪橋ホール」。年季の入った「パレスホテル」をはじめ「1泊2200円」前後の簡易宿所、あるいは簡易宿所を衣替えしたゲストハウス、ビジネスホテル……。ただし脇道に入ると普通の民家も軒を連ねている。

明治以降に木賃宿《きちんやど》（飯を炊く薪代程度で泊まる安宿）街が形成され、戦後、東京都が提案した被災者用のテント村作りに地元商人らが応えたことがきっかけで、ここに日雇い労働者たちが集まってきた。やがて安価な簡易宿所が立ち並び、「ドヤ街」と呼ばれるようになった。先の東京オリンピック（一九六四年）の前年が最盛で、二二二軒の宿所に一万五〇〇〇人が生活。とりわけ吉野通りは早朝から仕事を求める労働者らで溢れた。

前後して、労働者同士の喧嘩に端を発し、通称「マンモス交番」を襲撃する三〇〇〇人規模の暴動が発生。七〇～八〇年代には「労働者とその支援団体」対「仕事を斡旋する〝手配師〟に介在する暴力団」という抗争が頻発した。迷彩服を着た暴力団員らが町のあちこちで労働者とその支援団体を威嚇し、八四年にはドキュメンタリー映画を撮っていた佐藤満夫監督が、八六年には佐藤監督の志を継いでいた山谷争議団の山岡強一さんが殺される事件まで起きた。

「あの、密度が高くて町中が熱かった頃とは大違い。人も町もとことん変わりましたねえ」

と、山谷の地で長年商ってきた金星堂洋品店の店主・大澤徳明さん（八三歳）はしみじみとした口調だ。

労働者はバブル崩壊後に激減。過激なことも起きなくなった。労働者たちが高齢になった今、簡易宿所の多くが生活保護受給の高齢者の住まいと化している。着衣が汚れ気味であったり、杖をつく姿が寂しげであったりする高齢男性が少なくない。公益財団法人東京福祉保健財団　城北労働・福祉センターの調査によると、今年（二〇二一年）三月の山谷地域（台東区＋荒川区）の簡易宿所数一三五軒、宿泊者数五〇九四人。この人数は、最盛時の約三分の一。

とはいえ、金星堂洋品店にはシャツやズボンを求める老若の男たちがやってくる。去る者追わず、来る者拒まずの山谷の町はさまざまに〝現役〟だ。

ひと頃ずいぶん見かけた外国人観光客が全く姿を消したな——。路上飲みの人も疎らだな——。と思いながらコロナ禍の町をひと回りし、テントハウスのメッカ（のはずだった）玉姫公園を覗く。この日、常設テントは二つだけ。

「テント、減りましたね～」

声をかけると、

「ホームレス、コロナでついにテントも放出、とでも書いときゃいい」と私を取材者だと知っているAさん（六〇代）がジョークを飛ばした。生活保護受給・ドヤ暮らしで、毎日公園に遊びに来ているAさんは、他の場所での路上暮らしの経験者だ。公園で寝泊まりする人たちを「友」とおっしゃる。

Aさんと話していると、その「友」の一人がやって来て、私にペットボトルのお茶をくれた。

「分かってるよ。いけないことしてるってこと。でも、役所の世話にはならね～。にっちもさっちもいかなくなるまで、おれはここ」

そう言った人だ。長いつきあいの建設業者からもらう「手伝い」の仕事をしており、「家賃あったらアウトだけど、なしだから食べていける」と。

お二人と、天候とオリンピックと競馬のとりとめない話をして「また来ます」と公園を後にした帰り道、今日も取材者として失格だなあと思う。

何度か顔を合わせ、Aさんからは「昔、工場で働いていた」、「友」氏からは「（建設）現場を渡り歩いてきた」までは聞いていたが、「それ以上は聞くな」の空気が言わずもがな。たわいのないことをたらたらと話し、引き上げる。私はそんなことを繰り返してきていた。

山谷に圧倒的に多いのは生活保護受給者だが、路上生活の人もいれば、現役の労働者もいる。彼らに直結する公的機関も、彼らを支えようと活動する団体も存在する。

▼▼▼「玉姫職安」での求人──メインは東京都特別就労対策事業

　六月一〇日、午前六時に山谷地区内・東部にある「ハローワーク上野　玉姫労働出張所」（通称「玉姫」）前へ行った。すでに労働者たちが集まってきていて、刻々その数が増えていく。全体に年齢は高く、この日女性は一人だったか。六時二〇分には黒山の人だかり状態に。ざっと二〇〇人、と目算した。

　職員が、私と編集担当の村田さんを館内に入れてくれる。求人・求職のマッチングの光景を見せてもらえることになったのだ。

　六時半にシャッターが開く。と、労働者たちが館内へ入り、いっせいにトイレへと急ぐ。用を足した後、いったん外へ出るよう案内があった。コロナ禍故の密を避けるためだそう。

「今日は２３０６番からです」とマイクでアナウンスが流れる。

「輪番ってやつですね」と村田さん。

　きっかり六時四〇分から「２３０６番から２３１５番まで」に始まり、一〇番ずつ呼ばれ、該当者が改めて館内に入る。これも密対策だ。

　この日の求人看板に示された就業場所は舎人《とねり》公園、八柱《やばしら》霊園、代々木公園、芝公園、東京港埋立地の五カ所、合計一八八人。いずれも仕事内容は「除草・清掃等」だ。登録した手帳に付された番号の早い人から順に選択権がある。館内に設置された棚に、求人看板が就業場所別に掲げられていて、職員が労働者の希望する求人看板を確認して棚に手帳を置き終わると、一方通行の出口から出ていく仕組み。

「押し合いへし合いの光景を想像していたけど、違いますね」

「そう、かなり秩序的」

村田さんと、ひそひそと話す。一〇分余りで2851番まで呼ばれた。

「次回は2852番からとなります。以上で終了いたします」とアナウンスが流れる。

「惜しいっ」と手帳を握る人がいた。もう少し番号が「回る」と思ってやって来ていた2852番以降の手帳の人だ。でも、その人に悲壮感はなく、タバコを路上でくゆらせる。

仕事を得た人たちが明治通りまで三三五五歩き、送迎バスに乗り込む。バスは七時過ぎには出発。午後四時頃に帰着するという。

日当は八〇〇〇円弱。正確には、「雇用保険被保険者手帳」（通称「本手帳」）所持で四〇～六四歳なら七八〇六円、四〇歳未満・六五歳以上なら七八八六円。「求職受付票」（通称「ダンボール手帳」）所持の場合は、それぞれ一〇〇円高い。

一段落して、職安職員にインタビューさせてもらった。

――求人はどこからのものなのでしょうか？

「東京都の特別就労対策事業です。俗に『輪番紹介』と言われ、都の受託業者からの求人です」

――毎日、今日のような感じですか？

「ええ。（開館日の月～金曜日は）一日平均四〇〇回転します。手帳は２９１９番まで発行されていますが、欠番や登録抹消の人もいるので、登録者の実数は一三〇〇人ほどですね」

一三〇〇人で四〇〇回転ということは、三～四日ごとに仕事が回ってくるということか。とすると四～五万円の収入になると計算したが、「雨の日は中止」だ。そうはいかない。なお、一定の条件を満たすと「アブレ手当」が支給される。

――生活保護の人とか、誰でも、ここで求職登録できますか。

「基本、大丈夫です。体力的に問題ないかなど聞き取りをして、（他のハローワークでの）常用就労への応募を勧めることもあります。また、生活保護の人は一カ月の収入が一定金額を超えると、超えた額が保護費から引かれるので、月二回程度の就労に抑える傾向にあるようですね」

直近は毎月二〇人前後が新規登録。求職者の平均年齢は六五歳。六五歳以上が六七・五％を占めている。延べ求人数は、二〇二〇年度二万三二六五人。一九年度から三八％減ったそうだ。

「コロナの影響？　第一波だった去年（二〇二〇年）の四月、五月は求人が止まりましたが、今は特に影響は出ていませんね」

繰り返すが、取材は六月一〇日。

七時四〇分に建物を出る。外には、求職者が一人もいなくなっている。職員がゴミを拾っていた。

▼▼▼「城北労働・福祉センター」求職者の平均年齢は六七・三歳

対して、がっつり働きたい要望にも応えるのが、吉野通り西側にある「城北労働・福祉センター」（通称「センター」）だろうか。年季の入ったコンクリート四階建ての建物の前には、山谷の住人たちがいつもたむろしている。後日、昼間に訪れた。

「山谷地域の労働者を労働と福祉両面から支援するセンターです。昭和三〇年代に誕生した東京都山谷福祉センター（のち東京都城北福祉センター）と、昭和四〇年発足の財団法人山谷労働センターが平成一五年に統合されました」

と、公益財団法人東京都福祉保健財団　城北労働・福祉センターの職員。地階に娯楽室もある。医療や生活保護等についての相談のほか、困窮して急迫した状態の人にパンなどを渡す応急援護なども行っているそうで、職業紹介についてはこう。

一階に、やはり主に東京都の発注による清掃・除草などの紹介窓口がある。五四歳までなら「一般利用者カード」、五五歳以上なら「高齢者利用者カード」が発行され、「玉姫」と同様に輪番方式で、朝六時二〇分からその日の仕事紹介が行われている。カードを作れるのは、「山谷地区に住所を確認でき日雇い労働をして生計を立てている人（ただし、路上生活者と生活保護受給者は、過去に居住していれば継続利用可）」。利用のハードルが「玉姫」より高い。

「昨年度の窓口紹介は、民間求人一六四九件、公共事業七九二件、高齢者特別就労四八〇八件。合計七二四九件でした。九年前は二万九三六六件でしたが」

九年で約四分の一に減少しているものの、高齢者利用者カードの所持者は約一〇〇人。そこに一日約四〇の求人があるわけだ。棄権する人もいるから、概ね「二日に一度」の頻度で仕事を得ることができ、ここでの求職だけで生計を立てることも可能だという。

それなのに、利用者が「玉姫」の一割強しかいないのはなぜだろう。「玉姫」か「センター」のどちらか一方にしか登録できないルールがあるなか、「たまたまだよ。ヤマに来た日に同じドヤの先輩が『玉姫』を教えてくれたから、おれも『玉姫』。『センター』で求人やってるって知らなかった」と言ったのは、玉姫公園近くの石垣で夕涼みしていたヨシダさん（六二歳）＝仮名＝だ。単に情報が行き渡っていないからだけなのだろうか。

応じてくれた職員氏は、「一人ひとりの実情に応じた自立の促進を図りたいと支援を行っていますが、求職者の平均年齢は六七・三歳。簡易宿所宿泊者が四割ですが、漫画喫茶や路上の生活者も一定数いらっしゃり、就労自立が難しくなっている状況です」と話した。

▼▼▼山谷争議団ってなに？──向井宏一郎さんに聞く

さて、そうした山谷の住人のさまざまな「価値観」に寄り添う活動をしてきた団体の一つ、山谷労働者福祉会館活動委員会（この取材当時は山谷争議団と呼ばれていた）」には、七月になって、平日の夕刻にアポが取れた。応じてくれたのは、向井宏一郎さん（四九歳）。活動拠点である山谷労働者福祉会館は、日本基督教団日本堤伝道所でもある。紺色のタイルなどで装飾されたこの建物脇で、コロナ禍前は路上宴会をする人たちが絶えなかった。間違いなく山谷を象徴する場所だ。

〈争議団は全ての野宿する仲間のコロナワクチン接種を応援する〉

〈コロナ中の争議団の緊急炊き出しは野宿・日雇いの仲間のため。生活保護の仲間は、炊き出しを食いにこないことで仲間と連帯してくれ〉

などと書いたビラがペタペタ貼られた鉄のドアを開け、建物のなかに入る。

「重たっ」

「ほんとだ」

山谷労働者福祉会館

向井宏一郎さん

山谷の街並み

山谷労働者福祉会館活動委員会の「共同炊事」

「なかなかですね」

「ですね～」

目的語なしのやりとりが村田さんと通じる。「重たっ」はドアのこと。「なかなか」は、差し入れの品が入っていそうなダンボール箱の山積み状態を指して。薄暗い階段を上がる。向井さんが三階で待っていてくれた。

まず「ずいぶん頑丈そうなビルですね」と言うと、

「そうそう。ランドクルーザーが突っ込んできても壊れない建物をつくっといたほうがいいでしょうと。壁も厚くして、軽量じゃない鉄筋コンクリートです」と返答が。え？　ランドクルーザー？

「そうそう。一九九〇年の建設。キリスト教者の小田原紀雄さんや、東京女子大の先生の松沢哲成さんらが中心になってカンパを呼びかけて、労働者らの手弁当でつくられたんですが、つくり始めた頃は金町一家（国粋会系の暴力団）との対峙がまだあって、あの人たちはランドクルーザーに乗って襲ってくるというので……」

物騒な話が出てきた。村田さんは「僕らその頃学生で、ランクルの前に障害物を置いて阻止線とか張ったよな～」とすんなり理解したようだが、私は「争議団とは」が今ひとつ分かっちゃいない。山谷の住人たちの多くも、争議団を「センター前とかの炊き出しの人たち」と認識しているようだ。「そうぎ」が「しょうぎ」と聞こえ、長く「将棋団」だと思っていたという人に出会ったことだって複数回ある。「過激派の残党だろ」と言った人もわずかにいたが。

「今も労働争議を抱えているんですか」と向井さんに尋ねる。

「いやあ、抱えてないですね。名前からするとちょっとアレ～？　みたいなところ、あるかもですね」

「山谷争議団って何？　から教えてください」

ふ～、と小さなため息が聞こえたような気がしたのは、その日朝五時半起きで、七時半から建設現場で足場を組む日雇い仕事を終えた後に時間をとってくれていたと知ったからだろうか。「おれが来たのは九六、七年だけど」と言いつつ、向井さんは口を開いてくれた。

▼▼▼資本・ヤクザの暴力に直接行動で対峙（六〇年代初頭～九〇年代半ば）

――山谷争議団はいつから？

「一番の〝ご先祖さま〟みたいなのが七〇年代初めの『現場闘争委員会（以下、現闘委）』。それ以前も山谷にいろんな団体がかかわってきていましたが、寄せ場労働者を助けてあげなきゃとか、ひどい状況を暴露して社会的に解決していこうという救済主義でした。現闘委は労働者と一緒に働きながら労働者が直面している問題に取り組んでいく必要があると着想したんですね」

——具体的には？

「条件が違っているのに無理やり働かされたり、文句を言うと殴られたり。日雇いの仕事のなかで日常的に起きている暴力に対し、『直接行動をしようぜ』と。六〇年から一〇回以上、山谷で暴動が起きていますが、その暴動を積極的に評価する労働者活動家によって現場闘争委員会という名前がつけられた。現場とは労働現場の現場です。同じころ、大阪の釜ヶ崎では釜ヶ崎共闘会議が結成されます。その中心の一人が船本洲治です」

——船本洲治《しゅうじ》。「黙って野垂れ死ぬな」のスローガンをつくった人ですね。

「そう書き残して焼身自殺した人です。その思想は山谷・釜ヶ崎の運動の可能性を伝えています。一番象徴的な現闘委の闘争が、七〇年代初めの新井技建争議。労働者を寄せ場からマイクロバスで仕事に連れていくんですが、条件がひどい。現闘委の人たちは、朝の寄せ場で新井技建のバスのガラスを叩き割って、めちゃくちゃに壊したんですね。ひどい業者を襲撃して、壊してしまう直接行動に出たわけです」

——激しいですね。

「そういうことをやっていると、弾圧の嵐、嵐。現闘委は二、三年で活動できなくなって、七〇年代半ばには崩壊します。山谷争議団はその約五年後に、現闘委を受け継ぐ『六・九闘争の会』と、もう一つの団体を中心につくられました。現闘委の闘争を総括しながらも、『船本洲治の思想は一定引き継ぐ』といった感じで」

「六・九闘争の会は――現闘委がなくなって停滞して、みんな行き詰まって酒を飲んだりしていたときに、磯江さんという活動家が追い詰められて『これじゃいかん』と包丁を持ってマンモス交番に行って警察官を刺し殺すということをやりました。七九年六月九日に。労働者が車にはねられても、警官は放置して救急車を呼ばないとか、マンモス交番が暴力装置として機能してきていたから。その、磯江さんの行動によって現闘委だった人たちが衝撃を受けた。磯江さんを救援し、山谷での闘争を再開させようと『六・九闘争の会』ができたんですね」

――その六・九闘争の会が山谷争議団に改名？

「六・九闘争の会の結成からいくつかの労働争議や越冬闘争など、他団体とも共闘しつつ、約二年の取り組みを重ねます。そして、岩淵組という飯場（建築現場に設けられた労働者の宿泊所）に対する闘争のときに組織された『対岩淵組山谷争議団』を経て、山谷争議団が結成されます」

――ということは、山谷争議団と名乗るのは八〇年代前半ですか？

「八一年です。吉野通りに何千人もの労働者が集まり、手配師が斡旋する仕事に行っていた八〇年代初め、山谷争議団は、『半タコ・ケタオチ』、つまり、ひどい飯場に対する闘いを展開していました。そのなかで、手配師を束ねる金町一家というヤクザが右翼結社を作って山谷争議団を攻撃のターゲットにした。激しい抗争状態になり、それが注目されるなかで、そこで映画を撮っていた佐藤満夫さんと山岡強一さんが虐殺され、山谷労働者福祉会館が九〇年に頑丈に造られて……」

先ほど、会館はキリスト教者らの呼びかけで建設されたと聞いたが、それなら、会館＝山谷争議団ではないのか。「いや、形式的には直結ではなくて」と向井さん。

「会館建設は、争議団やその闘いに心を寄せるキリスト者をはじめとする人々、山谷および全国の寄せ場労働者、あるいは『山谷やられたらやり返せ』という映画の上映委員会の人たちなど、全国的なネットワークがあってできあがったものなので」

以来三〇余年。「今も金町一家の事務所の近くを通ると、すごく緊張しますけどね」。山谷の闘争の歴史はとても複雑だ。こう噛み砕いてもらって、私の心のなかにくすぶり続けていたモヤが少し晴れていく気がした。

▼▼▼「野宿者」の権利と尊厳を守る闘いへ（九〇年代半ば～二〇〇〇年代）

向井さんの話は「野宿者」「生活保護」をキーワードにこう続いた。

「寄せ場は高度経済成長、石油ショックなど景気変動の影響を受けてきて、バブルの崩壊

ドヤの現在

を迎えた九〇年代初めに日雇い労働者がドヤから路上に叩き出されるわけです。山谷だけじゃなく、都内の公園には野宿の小屋がいっぱいできたのに、野宿者が生活保護の申請に行っても、住民票がないという理由で受理さえされなかったんですね。

『屋根と仕事をよこせ』をスローガンに、東京都に『自立支援センター』を開設しろと突きつけた九〇年代末の新宿西口の闘争（東京都による新宿野宿者の強制排除反対『新宿連絡会』の闘争）が大きな転換期。運動として野宿の人たちをきちんと見ていくべきじゃないかということになりました。

　野宿って、状況だけ切り取って見るとマイナスポイントだけど、一方で労働や階級の問題として考えると、一定の必然性があるんですね。飯場を出たり入ったりしてきた日雇い労働者は、お金がなくなれば外で寝るとか昼休みは地面で寝るとか、『地面は俺の布団なんだよ（笑）』と。必要な居住を自律的に確保する動きと見ることもできるわけじゃないですか」

　運動の成果で自立支援センターはできたわけだが、そこに新たな問題点が発生したという。

「野宿だった人が自立支援センターに入り、三カ月くらい技能講習を受けてなんらかの資格をとって常雇用の仕事を見つけて、お金を貯めてアパートに入るのが『自立』ということだけど、ずっと建築の仕事やってきた人が、他の仕事をやれと言われてすぐに見つかるわけはなく、やりたいはずもないでしょう？　俺たちは自立支援センターに何度も面会に行ったけど、知っているかぎりあまりうまくいっていなかった。

貧困状態にあるなら生活保護を考えるべきというのが、あの頃の俺らの基本スタンスで、生活保護の申請に付き添う『福祉行動』をしていると、高齢でも病気でもなく住民票がない人に対しての適用は不可能で、『自立支援センターへ行ってください』って。自立支援センターが生活保護を受けさせないための道具になってしまい、野宿問題の解決にはならなかったんですね。結局仕事が見つからなかった人は『じゃあさよなら〜。がんばってね〜』みたいな感じ。何をがんばるのか（笑）。

それで、橋の下や公園などに小屋を建てたり野宿をたりする人たちが増えていき、一〇年経つと何千人もに膨れ上がって、次に東京都が二〇〇三年から行ったのが、『家賃三〇〇〇円のアパートへどうぞ』という地域生活移行支援事業（通称、三〇〇〇円アパート事業）。これが大成功して、都内の公園から野宿の小屋が九割がた一掃されちゃったんですね。

それが、めでたいことかどうかは意見がわかれるところ。『アパートで暮らせてよかった』の人がいる一方で、野宿には、下層の労働者の能動的な力の結果として本質的な問題提起をしているという部分もあるから。野宿の人に依拠して運動を組み立ててきたわけですけど、多くの野宿者が軒並みアパートに入っちゃうのは、運動としては終了というか、新たな局面というか、そういうことになります」

三〇〇〇円アパート事業の一番の問題は、その目的が『アパートを提供します』ではなかったことだろう。

「『都内の主要な公園から野宿の小屋をなくしましょう』が目的だったんですよ。それが一番表れているのが新規流入防止策。小屋が撤去された場所に新しく小屋をつくらせないようにガードマンを二四時間巡回させた。さらに、公園の外で野宿している人にも追い出しをかけた。もっと深刻なのは、小屋が一掃された公園に寝ていた労働者が、都立高校生二人に殺される事件が発生したこと。その高校生は捕まって、『殺してもいいと思った。野宿者だから』みたいなこと言ってましたね。そういう彼らは、実は夜間高校生だったんです。弱者が弱者を殺すというかたちで、社会の矛盾が出ちゃって。

そんなことまで起きるなかで、争議団としては二〇〇五年頃から（行政施策の）根底的な批判を繰り返しながら、新しいフェーズで野宿者運動をつくり直していく感じですね。貧困理由での生活保護の適用を課題に設定し、法律の勉強をしたり、役所窓口のロールプレイをしたり。半年ほど準備して二〇〇七年に集団申請をやったんです。

隅田川の河川敷で一〇〇人ほどが野営して、問題を暴露しながら『拒否されても、何回でも申請を続ける』と宣言して台東区と墨田区の役所へ。結果、申請した六〇人ほど全員が受理され、山谷のドヤに入れた。その集団申請によって窓口対応が一八〇度変わったんですね。その一年後に日比谷公園で『年越し派遣村』。俺たちもちょっと協力して、貧困理由で生活保護が全国的に曲がりなりにも取れるようになる……」

▼▼▼「アジール」としての山谷

話を聞いたフロアは、歴代の資料が綴じられていそうな数多くのファイルが戸棚に並び、事務机の上にも書類がはみ出している。活動家たちが口角泡を飛ばして議論してきたであろう空間だ。

「生活保護の集団申請をやったのは必要なプロセスだったと思うんですけど、今は運動の内実ががらっと変わってます」と、向井さんの眼光が鋭くなった。希望する人が生活保護を取れることは大事なポイントとしながらも、現状は生活保護を取らずに野宿をする人の方に軸足をおいて活動しているという。

なぜ？　向井さんは私が今ひとつ意味を解せないでいることを察したのだと思う。解いてくれた。

「たとえば、会社に所属して上司の言うことを聞いていれば、それなりの見返りがあるというのが普通の勤め人だと思うんですけど。でも、下層になるにつれて、その見返りがなくなっていく。日雇い労働では安定した賃金はそもそも出るはずがないし、会社の言うとおりに働いていると体を壊してしまう。そうした労働のなかで育まれる『何かにおもねらない』『世話にならない』という意識は、原初的な階級意識と言っていいと思います。

そういう層の人にとっては、（福祉に）属することで（金銭を）もらう生活保護は、暴力的といえば暴力的じゃないですか。その人がそれまで生きてきた文脈、労働や社会的関係をまったく不問に、『あんたは貧困状態にあるんだ、だからお金をあげます』という暴力性。『おれは（その暴力性を）許せねえんだ』と意地を張る人に、がんばってください、と」

九〇年代から続く「共同炊事」。あげる人・もらう人がわかれる炊き出しと異なり、「上下関係なくみんなで一緒に作業をして、みんなでワイワイと食べましょう」がキモだという。

「だけど、コロナ感染が広がった去年の三月に大きな決断を二つしたんです。一つは、感染予防のために共同炊事はもうできない。消毒して手袋をした人間で炊き出しをすること。もう一つは、その炊き出しには生活保護の仲間は遠慮してくれということ。本当に緊急の炊き出しなんだということで、やむなくです。そうこうするうちに緊急事態宣言が出て、輪番（東京都の特別就労対策事業）が二カ月近く止まっちゃったので、去年の四～六月は日曜から金曜まで週六日やった。毎朝一二〇人前後の野宿者に。今は日曜と水曜の週二ですね」

　こうした論と活動方針、ひいては向井さんが山谷争議団を名乗ることに批判がきているけると明かしてくれた。最後に、「向井さんがこうした活動をモチベーション高く四半世紀続ける原動力は何でしょう」と訊く。

「さっきも言いましたが、下層の人が本質的に持っている反権力性、自律性みたいなものが……」

　一呼吸空いたときに「共振する感じですか」と振ってみた。

「共振はしないけど、まあ『いいなあ』と思うくらいかな。自分自身は反社会的ではあると思うんですすが」

　インタビューを終えて外に出ると、日はとっくに暮れ、各ドヤの窓に点々と灯りがともっていた。暗闇の路地で、ダンボールを寝床にする人影がちらほら見える。編集担当・村田さんが、「山谷は、資本主義の支配構造に組み込まれないアジールですね」と噛みしめるように言った。

　しばらく後の日曜、争議団の炊き出しに居合わせた。城北労働・福祉センター前の道路上で、ゴム手袋着用の二〇人ほどが大きな炊飯器でご飯を炊き、大鍋で味噌汁を作る。昼前から始まった調理が終わる午後三時には一〇〇人近い野宿者の行列ができていた。「お待たせしました」云々とマイク放送され、白ごはんに肉団子と漬物が載った弁当が順に配布されるのを突っ立って見ていた。

　ほぼ〝常連さん〟のようだが、一人だけきょろきょろしていた四〇年配の男性がいて、目が合った。その人は、「留置場から出てきたら、大家が（アパートを）出て行けって。来週、退去しなきゃならないんだ」と問わず語りをなさった。

「コロナだからここで食べないで、持って帰ってね」

「ああ」

　遠巻きに、そんなやりとりが何回も聞こえた。

▼▼▼生活保護の仲間らと生きる――山友会の油井和徳さんに聞く

　路上に椅子を置く飲み屋は二年前に閉まった。駐車場だった場所にアパートが建ち、ドヤの跡地に九階建てマンションの建設が進んでいる。刻々、風景が変わってきている山谷だが、長く変わらないところがある。インド人の〝ブラザー〟らによる「黒ちゃん教会」こと「神の愛の宣教者会　山谷の家」が提供する朝ごはんに並ぶ人たちが列をなす朝八時の一こまと、特定ＮＰＯ法人・山友会の古びた三階建ての建物前の光景だ。幅二メートルほどの道にベンチや椅子。いつ行っても山谷の住人たちが、今はソーシャルディスタンスを開けて井戸端会議に花を咲かせている。

副代表の油井《ゆい》和徳さん（三七歳）が迎えてくれ、二階の一室へ。その部屋で何より目が釘付けになるのは男性たちのスナップ写真の数々だ。仏様とマリア様が並ぶ仏壇横の棚の上にざっと数えて七、八〇人。

「山友会にご縁あって、亡くなられた方々です」

つまり遺影。「みんな幸せそうな顔ですね」と妙なことを口にしてしまった私に「でしょ〜」と油井さんは緩やかに返してくれる。

山友会は、アメリカ人の故ミニー神父（日本初のマック＝アルコール依存症リハビリ施設開設者）が、一九八四年に医師らのボランティア協力を得て、ケガをしても保険証がなくて病院に行けない人たちに無料診療所を開いて以来続いているという。カナダ人宣教師のルボ・ジャンさんが、山谷の労働者に、異郷に暮らす自身の孤独感と通ずるものを感じ、代表を引き継いだ。建物内は、一階が無料クリニックになっていて、二階がキッチンとフリースペース。常勤五人、非常勤二一人、登録ボランティア三四人。診療に加えて、生活相談、炊き出し（コロナ禍は休止）やアウトリーチ（対象者の居る場所に出向いて働きかけること）のほか、無料低額宿泊所「山友荘」も運営している。

「昨年度の年間受診件数は二〇三七件、相談件数は六八一九件でした」と油井さん。日祝日を除き一年三〇〇日として、一日に受診約七人、相談約二三人だ。

「僕は運動の形でやっているのではなく、福祉を専攻していた大学時代、ここ山友会へイ

NPO 法人山友会の建物と油井和徳さん

無料低額宿泊所「山友荘」

「神の愛の宣教者会　山谷の家」への行列

ンターンシップにきたのが最初です。就職活動をしていなかったので、モラトリアムで……（笑）。昨日まで顔を合わせて話していた方が、翌朝には冷たくなって路上で亡くなっているというのをたくさん見てきて、なんとかしたいと活動してきました」

アウトリーチで野宿の人に声をかけ、体調が悪いと聞くと無料診療所への来所を勧める。来たら「生活相談も」となり、生活保護受給、ドヤ住まいに――。そうストレートにはことは運ばないが、さまざまに携わってきて、「一番大切なのは、大変なとき、苦しいとき、悩んでいるときにつながれるコミュニティだと思います」と。建物前での井戸端会議はそのコミュニティだと合点がいく。

ドヤでの一人暮らしが困難になった人たちが終の棲家として入居する無料低額宿泊所「山友荘」（二一室）の立ち上げは二〇〇九年。

「介護保険のサービスを使って、自宅で看取りをするのと同じです。末期ガンの方も老衰の方も普段どおりの時間のなかで亡くなっていかれます」

入居二カ月で亡くなった人も一〇年近く入居した人もいるなか、「終わりがあるから、がんばりやすい」。そんな重たい話もごく自然に油井さんの口の端にのぼり、聞いてもしんどくない不思議。「入居者が亡くなるとき、その瞬間という意味ではないですが、必ず僕が居るようにしています」。感服する。稀に、長く会っていなかった身内が現れ、無言の対面となることもあるそうだ。

2021年8月14日、夏まつりで配食に並ぶ参加者（写真＝若尾一輝）

「先日も、八〇年配の方が亡くなったとき、五〇代くらいの娘さんがいらしてくださった。『遺骨を引き取るまではできない』とおっしゃいましたが、納骨にはお立ち会いになりました」

山友会がクラウドファンディングで資金を調達して建てた「山友会の墓」が、徒歩五、六分の浄土宗寺院「光照院《こうしょういん》」の境内に設けられているのである。

▼▼▼玉姫公園の夏まつりへ

さて、八月一五日に玉姫公園で行われた「山谷夏まつり」に行った。コロナ禍以前は、三団体がそれぞれの日程で行っていたが、今年は山谷日雇労働組合（「山日労」）が実行委員会形式で主催する三日間だけ。一五日は最終日だった。ちなみに山日労は九〇年代半ばに山谷争議団と袖を分かち、別立てで活動をする組合だ。

あいにくの雨のため、予定されていた歌謡ショーは中止さ

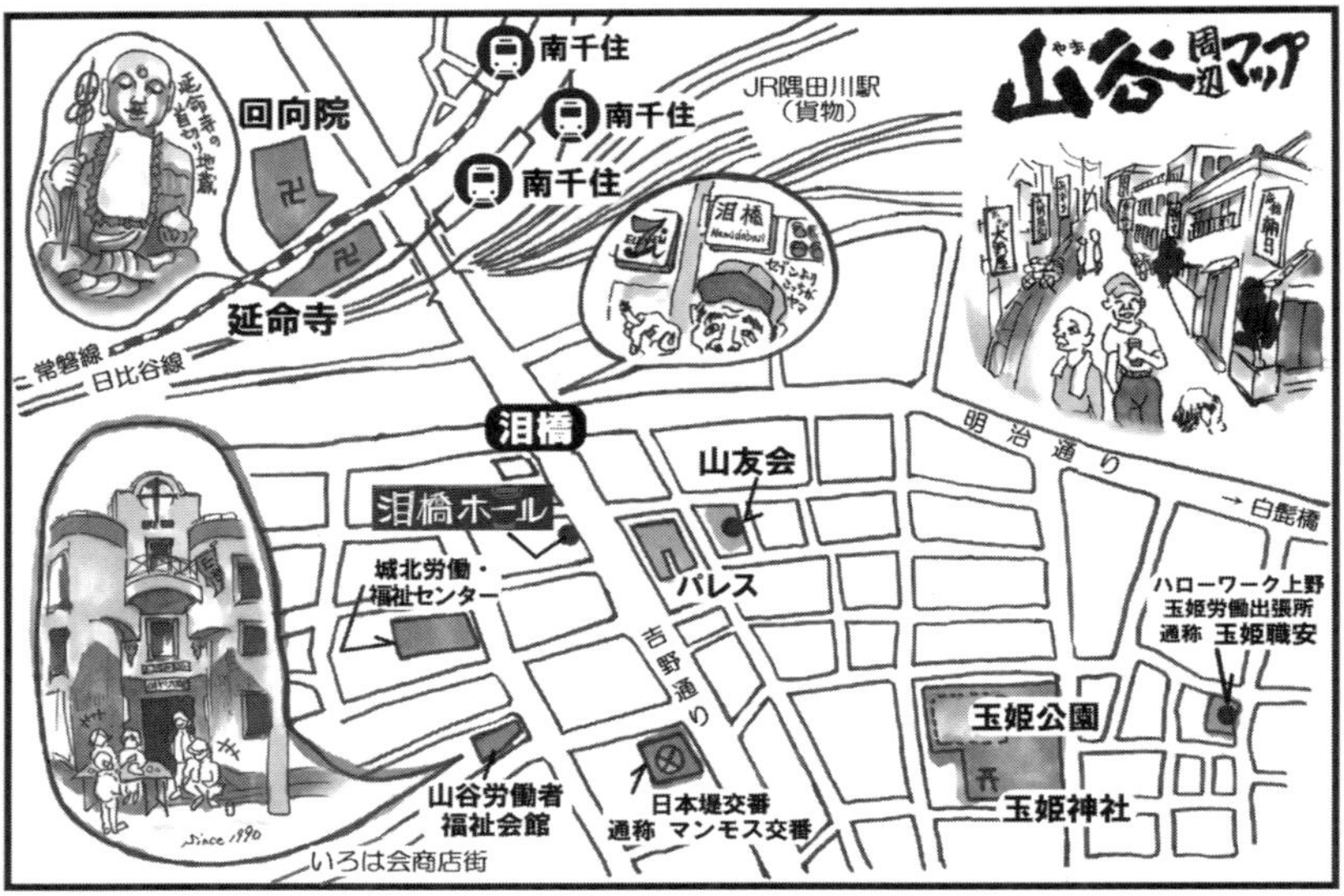

れ、炊き出しだけとなったが、夕刻五時前、玉姫公園の入り口に長蛇の列ができていた。

並ぶ人たちに「なぜここへ」と直球を投げてみる。

「ヒマだから」とニヤリと笑った御仁もいたが、

「コロナのせいで輪番の回りが悪くてよお」

「八月は輪番がまったくなくてさあ」

本音だろう。玉姫職安、城北労働・福祉センターとも、八月は熱中症対策とのことで求人が中止された。冷え上がる人たちが続出していたのだ。ここでは生活保護受給者も受け入れる。

五時きっかりに、「コロナにかかっても病院にも入れない、ワクチンも打てない状況に置かれている仲間が八月を乗り切って生きていけるように……お待たせしました。体温を測って、手の消毒をやった上で公園に入ってもらいます」とマイクでアナウンスされ、列が動き始めた。実行委員約三〇人お手製のしらす丼が配食される。手に手にシラス丼入りのビニール袋を持った人たちが、続いて五〇メートルほど先の焼きそばとウーロン杯の提供場に。再び等間隔の列ができる。みんな無言。しとしと降る雨の音がやけに大きく聞こえる。その日、一四〇食が動いた。

（二〇二一年六～八月取材）

都心・山手篇

池袋西口・新大久保・千鳥ヶ淵・品川

III

ヤミ市からチャイナタウンへ

池袋西口

▼▼▼露天商で埋め尽くされた西口前

初めて足を踏み入れたとき、大阪の千日前と阿倍野《あべの》を掛け合わせたような町だな、ごちゃごちゃだなと思った記憶がある。今回歩くのは池袋。それも、西武デパートやパルコ、ジュンク堂などがあって少し都会的な東口側ではなく、ディープ感の強い西口側。

去年、吉祥寺《きちじょうじ》のハーモニカ横丁でジーンズショップを営む主（八三歳）にインタビューしたとき、父親が婦人服店を営んでいた池袋西口・旧豊島《としま》師範学校近くのマーケットのなかで育ったが、「昼間だけ戸板にモノを並べて売っていた人が、夜に屋台を引いてきて、一晩明けたらあばら家をつくって住みついちゃってる。そういうのがしょっちゅうだった」とも、「戦勝国の人とヤーさんが仕切っていたけど、無秩序。（のちに自分が出店した）吉祥寺のマーケットとはずいぶん違った。新宿よりも激しかったんじゃないかな」とも聞いたことが、頭にこびりついていた。

というわけで、七月某日、池袋駅西口に降り立った。コロナ禍の平日昼間の人出を「平常時の半分ですね」と、同行する編集担当の村田さんが言うが、私の目にはごった返しているようにしか映らない。

東武デパートがあって、駅前広場的な空間もあって、その向こう側に西口公園、モダンな東京芸術劇場も。左手に東武東上線の池袋駅。右手には交番で、道ひとつ渡ると、私も時々お世話になる飲み屋街だ。どの辺りがヤミ市、マーケットだったのか。

と、その前に――。『東京のヤミ市』（松平誠著、講談社学術文庫）によると、闇（ヤミ）とは、公定（＝政府や公共団体が定めること）の対語だ。統制経済だった戦後、消費物資にいちいち価格がつけられ、違反すると処罰されたから、焼け跡の空き地などでヤミ取引された。すなわちヤミ市。当初は青空天井だったが、やがて土地の上にバラックが建てられ、連鎖式の長屋がつくられた。その連鎖式長屋形式のところがマーケットと呼ばれた。正確には「ヤミ市」は総称で、「マーケット」はその一型式だが、今では両者がほぼ等しく使われているようだ。

「西口前、いたるところがマーケットでしたよ」

と言うのは、西池袋で生まれ育った木村義男さん（八二歳＝北区在住）。東京芸術劇場が建っている旧豊島師範学校跡地も、駅前ビル街になっている場所も、すべて露天商で埋め尽くされ、常に人だかりだった。木村さんの「マーケット」の定義に、道路脇も含んでいる。少年の目には、青物野菜や芋、豆などが主で、大鍋から湯気があがってスイトン、ふかし芋、ラーメンの店も少なくなかったという。

「ミンシュ駅になる頃には、駅前にヘビ屋が入った建物なんかができていて、マーケットは五差路の向こうのほうが盛んだった」と記憶をたどってくださったが、まず「ミンシュ駅」とは？

今なら珍しくもなんともないが、民間から資金提供を受け、出資者がテナント利用するビル付き国鉄駅のこと。池袋西口の「民衆駅」は、東武鉄道の土地を借り、東京で一番早く一九五〇年に完成している。近隣では池袋駅を「ミンシュ駅」と呼んでいたとか。

では、ヘビ屋って？

「とぐろ巻いた青大将が何匹もいる店が駅前にあった。外からも見えるから、僕ら子どもは木の枝を持ってイタズラに行って、『こら〜』って怒られた」

▼▼▼再現された東口のヤミ市──豊島区立郷土資料館

さて、ヤミ市を俯瞰したいと、豊島区立郷土資料館へ行くと、「池袋東口ヤミ市模型（森田組東口マーケット）」が目に飛び込んできた。

豊島区立郷土資料館にある「池袋東口ヤミ市」のジオラマ（写真提供：豊島区立郷土資料館）

おっと、「東口」だ。だが、二階建ての長屋におでん、苗、傘、電球、とんかつ、てんぷら、寿司、中華料理などの看板が上がる店や、リヤカーを引く人、列をなす人らがいる茶色い光景は、西口のマーケットも近似だったろう。映画などで見るヤミ市の光景より、建物が立派できれいな印象だ――と村田さんと一致する。もっとも、一戸あたり広くとも一間（約一・八メートル）×一間半（約二・七メートル）。電気は裸電球ソケット一つ。トイレは共同。仕切っていた森田組とは、今の暴力団とは様相を異にするテキ屋らしい。土地の所有権や地上権が問題にされる時代ではなかった。

「この模型は、一九八四年に郷土資料館の開設にあたって立教大学の松平誠先生に調査をお願いしました。それ以前、一九四七年に東京高等師範学校在学中の星野朗さんがヤミ市の実態調査をしており、それらの結果に基づいてつくったものです。昭和二二、三年当時に東口駅前にあったマーケットの一部です」と、学芸員の横山恵美さんが教えてくれる。

松平先生――先に挙げた『東京のヤミ市』の著者だ。

残念ながら、もう鬼籍に入っておられる。

　横山さんが手渡してくれた、星野さんの成果も交えた紀要の抜刷『池袋「ヤミ市」の実態』（松平誠、星野朗）の地図を見ると、一九四七年五月には西口側に一二のマーケットが存在したようだ。最大なのは、マルイ（二一年に閉店）の南側に大きく広がる「豊島マーケット」で、現在の飲み屋街のなかにも「東京マーケット」というものがあったらしい。その冊子の解説によると——。


　西側部分は、種々雑多な職種が混じり合って、昼間は賑やかだったようです。非常に意外なのは、（略）軽飲食の店は、一般商品の場合同様、日暮れまもなく店を閉じていることです。材料がなくなれば、夕方早くでも、あっさり店をしめてしまいます。ですから「ヤミ市」に夜で、灯のみえるのは飲み屋ばかりで、大変淋しいものでした。


　ヤミ市の店模様は刻々変化する。夜、「淋しかった」時期もあったのだ。

「確か、水上勉《みずかみつとむ》が『飢餓海峡』に池袋西口を書いていますよね」と村田さん。

　あ、そうか。青森から東京に出てきた女性「八重さん」が、新宿の娼家を経て、ヤミ市の飲み屋で働く。一夜を共にしたわけありの客から大金を預かり、警察官に根掘り葉掘り聞かれる。あのシーンは池袋西口のヤミ市だったのだ。

▼▼▼水上勉は西口の飲み屋が行き付けだった

水上勉のエッセー『私版 東京図絵』（朝日文庫）には、一九六〇年から足かけ三年、池袋から歩いて二〇分ほどの豊島区高松町に住み、『飢餓海峡』はその間に書いたとあり、こんな記述がある。

西口のマーケット跡や、駅に近い飲み屋街に出た。夜遅くまで飲んで帰った。富貴屋という店へよく行った。（中略）

富貴屋という店は、夜は飲み屋で、昼は、あんみつだのぜんざいだのを売っていた。入り口に赤提灯がぶら下がっていて、新聞広告できたという東北の女が働いていた。いろいろな想像をかきたてられた。

『飢餓海峡』で八重さんが働いていた「富貴屋」は、池袋西口のマーケットにあった店の本物の名前が使われていたのだ。その『飢餓海峡』で、水上勉は池袋警察の警部補に、

蜂の巣みたいなところでしてね。迷路のような路地に、ぎっしり呑み屋がならんで

います。いろいろな物騒な事件も起きる一角でしてね。

と言わせ、富貴屋で働く「八重」に、表通りへ出て、通行人の男を呼び止めて、店に誘う——つまりキャッチをさせている。

「ああいう時代をリアル体験したかったですね」と村田さんが言う。

「私も。もっとも女の酔客は稀有だったろうから、呑み屋の女将になって、マーケットを定点観測したかったな」と私。

「その役、舞台で太地喜和子がはまり役だったらしいですよ」と村田さん。それはそれは畏れ多い。失礼しました。

郷土資料館を出て、痕跡を見つけるのは絶対無理だと思いながらも、ヤミ市跡であるはずのエリアをウロウロする。西口公園に聞き取り不能な独り言をつぶやき続けながら鳩に餌をやっている年配女性がいた。芸術劇場の西側に私が近頃はまっている秋田の地酒、雪の茅舎の七五〇ミリリットル瓶を出窓に飾った小さな店を見つけたのが儲けものかな。

歩きながら、そう言えば、五木寛之著『青春の門　自立編』で、織江が働いていたひなびた中華屋や青線じみた店も池袋西口だったはずと。あとでＤＶＤを見ると、確かに。饐《す》えた空気が漂う町風景はセットだろうが、信介が通う瓦屋根のボクシングジムは、西口と東口をつなぐ通称「びっくりガード」脇のリアルな道に面していた。今、いつも行列ができているラーメン店のすぐ近くだ。

▼▼▼新華僑がつくった化粧っけなしのチャイナタウン

「ここ、ここ」

と村田さんに引っ張られ、「陽光城」へ行く。「池袋西口（北）」と名称が変わっていた旧池袋北口の出口のすぐ近くで、ヤミ市の一つ「東京マーケット」があった場所だ。吉野家とカラオケ店にはさまれ、赤地に黄色い文字の派手な看板。道路にはみ出したダンボールの上に、野菜や菓子、ピータンなどが並び、なかに入ると、調味料、お酒、麺、豚の各部位などありとあらゆる中国食材がぎっしりだった。

「これむちゃくちゃ美味しいから、よく買いに来るんです。今日も……買っとこ」と村田さんが瓶入りの豆板醤を手に取るも、他のお客さんはオール中国人の模様。中国語がびゅんびゅん飛び交っていて、圧倒される。レジにいたお兄さんと、

「今日は何時まで営業ですか」

「毎日、二四時間営業」

「売ってる商品、中国から？」

「そう。全部」

と、日本語で小さなやりとりをした。

実は、この辺りが新華僑の人たちが経営する店舗が集積する「池袋チャイナタウン」の玄関口だ。二〇〇三年にこう名付けたのは、立正大学教授（人文地理学＝華人・チャイナタウン研究等）の山下清海《きよみ》さん。きっかけが面白い。

当時、筑波大学で教鞭をとっていた山下さんが、中国からの留学生らを連れて地理学の実習のために横浜中華街へ行った日のこと。実習が終わり、安い食べ放題の中華料理店で食事しながら、参加学生に横浜中華街の感想を聞いたところ、一人の男子学生が、

「ここはとても面白い。だって、こんなところは中国のどこにもないですから。ところで先生、今から池袋へ行きませんか。池袋のほうが本物の中華料理を食べられますよ」

と言い、山下さんが「唸った」のだと言う。

長い歴史のある横浜中華街は、日本人向けに観光地化されている。神戸と長崎の中華街も同様だ。対して、池袋は化粧っけなしの素顔のチャイナタウン。

文化大革命（一九七七年終結）後の改革開放政策により、八〇年代から海外へ留学する人や移住する人が増加した。彼らは、それ以前から海外で暮らす老華僑と区別し、「新華僑」と呼ばれる。横浜などの中華街は老華僑が形成したが、池袋チャイナタウンは新華僑によってつくられてきたらしい。

早い話、八〇年代以降に来日したニューカマーの中国人たちが、自分たちの日常生活を

支える店を次々と設けた「プチ中国」なのだった。一九九一年、就学生仲間が日本語学校のあるここ池袋に「知音《チイン》中国食料品店」（二〇一〇年閉店）をオープンしたのが始まりで、あれよあれよという間に中華料理店はもちろん、食材・雑貨店、書店、旅行代理店、不動産仲介店、美容院、自動車学校、カラオケなどさまざまな種類の店や施設が約二〇〇軒できた。何しろ池袋を中心とした豊島区に住んだり、通って来たりする中国人が約一〇万人もいるらしいから、しっかり需要がある。そういったことについては、山下さんの著書『池袋チャイナタウン』（洋泉社）、『新・中華街』（講談社選書メチエ）、また山下さんのホームページ「清海老師《チンハイ》の研究室」に詳しい。

「北京オリンピックが開催され、尖閣問題も取りざたされた二〇〇八年、排外主義のヘイトスピーチ軍団が『シナ人を叩き出せ、ぶっ殺すぞ』とやってきて、私もネット上でずいぶん叩かれました。でも、マスコミが取り上げなかったので、彼らはやる気をなくし、新大久保のほうへ行っちゃったようです」

「中国人ニューカマーを『親戚一族から借金して来日して寝る間を惜しんで働き、貯金して五年で国に帰る』といった八〇～九〇年の経済格差イメージで捉えるのは、もう完全に古いです。今、留学生の親の懐は豊かで、十分な仕送りのある留学生が主流になり、学歴も高くなった。大学卒業後も多くが日本で就職します。コンビニのバイトも中国人が減って、ネパール人やインドネシア人に代わったでしょう？　私が池袋チャイナタウンの店で六八〇円のランチを食べる横で、女子留学生が二〇〇〇円のランチを食べている、なんてこともザラですからね」

山下さんからそんな話も聞いてきたのだった。

▼▼▼中国人でにぎわうフードコート──友誼食府

歩道に、中国語の新聞を配布する年配女性が二人いた。

「いただいていいですか？」

「…………」

「おいくらですか？」

「…………」

返事は中国語だ。同じことを英語でも言ってみたが、通じない。しかし、「あげるよ。持っていきな」という素振りに、「謝謝」。

ブランケット一六面のフリーペーパー「春中国」。ウイークリーのようで、もらったのは「7月7日〜13日」版。一面トップの見出しは「香港國安法　罪悪細節中」だった。これを手に、先述した知音中国食料品店の後継店だと言う「友誼《ユウギ》商店」へ。使い込んだ雑居ビルの四階。エレベーターを降りると、ひときわ濃い世界が広がっていた。半分はスーパーで、もう半分は台湾、上海、四川、香港などの調理ブースが囲むフードコート（友誼食府）。

「うわっ。いいな。下町の食堂って感じですね」

と村田さん。同感です。

プリペイドカードを買って支払うのも、中国下町スタイルだそう――と、理解するまで少々時間がかかった。店の人たちは一所懸命に日本語で話してくれるが、たどたどしかったからだ。私たち以外のお客は全員中国人。私は上海ブースから鶏肉の黄味噌煮込み、村田さんは四川ブースから豚肉の唐辛子煮込みをフーフー言いながら食べ、お腹がいっぱいになったので、階段で降りる。

その途中、二階に中国本屋を見つけ、覗く。「日本本」の棚に村上春樹、東野圭吾の小説が圧倒的に多かったのはなぜだろう。川端康成、石田衣良、夏目漱石、小泉八雲の本もちらほら。

▼▼▼留学生のサクセスストーリー――永利本店

「やっぱり繁華街にはつきものですね」と村田さんと話しながら、昭和なラブホテル街に寄り道。そこには、大きなキャリーバッグを押し、スマホの地図を見ながら一人でホテル

台湾独立派の拠点だった新珍味（右）、永利本店の店内に飾られていた万里の長城の銅板（上）

に入っていく女性の姿が何人か見られた――は、余談。

界隈には点々と中華料理店がある。有名なのが、台湾料理の「新珍味」。台湾人革命家の史明《シーミン》さん（一九一八～二〇一九年）が、台湾独立を目指す地下工作活動のアジトとした店として知られる。

その先、平和通りに多いのは、東北料理や四川料理を掲げる店。もともと池袋へやって来たのが中国東北部出身の新華僑だったためらしい。なかでも老舗だという「永利本店」に入ろう。万里の長城の銅版が飾られた箇所に近い赤いテーブルに着席。ビール一杯と、何かちょっとつまみたい。「おすすめは？」と聞くと、

「全部おいしいですけど、特に人気高いのは、スライス酢豚と揚げナスの山椒塩かけですね」

スラスラと日本語の即答があり、助かった。その彼女――店長の康健《コウケン》さんが「後でインタビューさせてくれませんか」にオッケーし

てくれた。

――このお店はいつから？

「一九九九年一二月。社長はこの本店以外に、六本木などにあと五店舗持っていて、食品輸入の会社も経営していますよ。（中国の）東北の出身で、中学か高校のときにお父さん・お母さんと日本に来た人です」

村田さんが「もしかして、残留孤児？」と口をはさむと、「そうそうそう。ふるさとの料理をと、外で鍋をやったら、いい香りに誘われて、すごく人気がでたそうです。私が来る前ですけど」。

――あなたはいつ日本へ？

「ええっと、二〇〇二年ですね」

北京から北へ一五〇キロほどの河北省の町の出身。母は会計士。「甘栗」の仕事をしていた父が日本に赴任していたことがあり、「日本にいい印象をもっていた」から、高校を卒業した一八歳で来日。池袋四丁目に住み、池袋駅に近い日本語学校への通学路にこの店があった。

「なので、お客さんとして食べに来てたんです。まさか、将来勤めることになるとは知らずに（笑）」

日本語学校を終えて、専門学校を経て千葉の私大の商経学部へ進み、卒業。都内のビジ

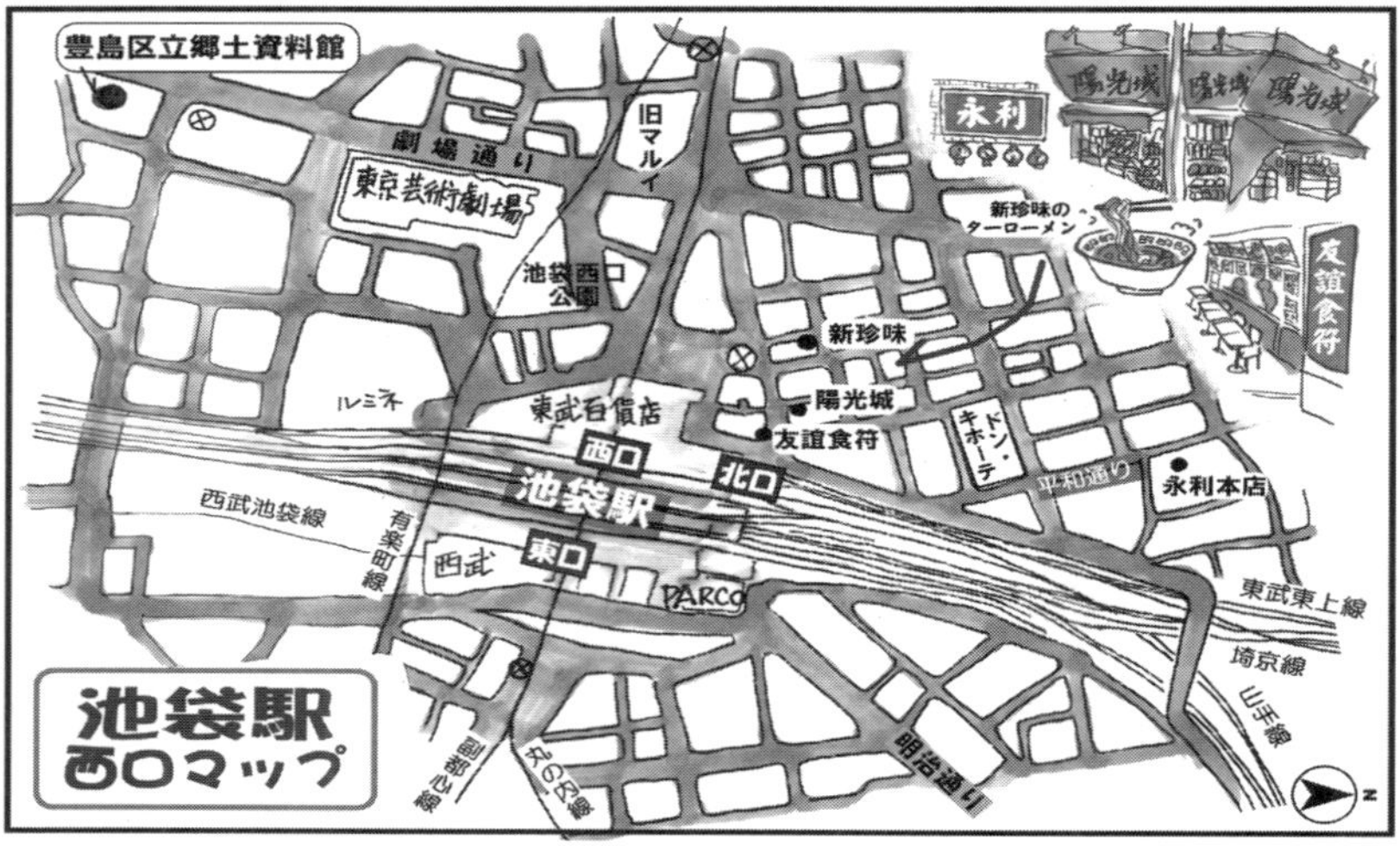

ネスホテルに就職し、懸命に働くも、三年で体を壊して退職した。

「退職したのが、ちょうど震災のあった二〇一一年。しばらく休憩していました。そして、そろそろ仕事探さなきゃと（中国語の）新聞を見たら、求人広告に載っていたのが、偶然ここだったんです」

以来九年。店長に昇格後、フロア仕事からスタッフや売上の管理まで任され、張り切っている。永住ビザを取得し、結婚もした。「毎年一カ所ずつ海外旅行に行っていたんですが、今年はコロナでとても無理ですね……」。

ふむ。先に山下さんから聞いた「十分な仕送りのある留学生が主流になり……大学卒業後も多くが日本で就職します」の潮流そのものの経歴だ。池袋チャイナタウンには、彼女のような頼もしい新華僑が大勢いるのだろうね。村田さんとそう話した。

中国料理店ができた初期、ゴミの出し方などが目に余る上、「中華街」のゲートを建てようとする動きがあったため、地元から反対運動が起きたのは今は昔。広域で行われているゴミ拾い活動に、中国の人たちも参加している、と地元のまちづくりＮＰＯの人から聞いたことも記しておきたい。

（二〇二〇年七月取材）

ニューカマーとオールドカマーが行き交う

新大久保

▼▼▼韓流アイドルから韓国料理まで

うわっ、人が多いなあ。というのが、一月の週末の午後に新大久保駅を降りたときの第一印象だ。まだまだコロナ禍、大丈夫かしらと思ったが、皆さんにこやかでいらっしゃる。

「いえ、自分なりの防護をちゃんとやってきていますから」

と、栃木県足利市から来たという女性（二四歳）。お連れともども、ウレタンと不織布のマスクを二重につけ、伊達メガネも着用。ポケットにアルコールハンドジェルのミニボトル。「たまに補給しないと、すさんでしまうでしょ」と笑う。

彼女たちが新大久保で「補給」するのは何か。

「生きていくエネルギーに決まってるじゃないですか」

こともなげにこう言ったのは、この日、同行してくれる友人のイラストレーター、喜多《きた》

喜多桐スズメさん

イスラム横丁の一角

桐《きり》スズメさん（五五歳）だ。スズメさん自身も十数年前にドラマ「美しき日々」のイ・ビョンホンにハマって以来、韓流ファン。どこがいいの？　私はそちら方面に弱くてごめん。

「単純な純愛なところ。少女漫画と一緒のノリ。絶対にありえない――みたいなストーリーも泣けてくる（笑）。不倫物語は、若いからしょうがないわねと我が子を心配する気分で見てるなあ」

筆も立つ彼女は、もう一人のライターと二人で、二〇一一年にこのエリアの隅々まで取材し、『新大久保イケメン☆パラダイス』（鉄人社）というムックを作った。

「よく売れたんですよー。類似本が山のように出ていた頃だったけど」

二〇一一年は震災の年だ。『ルポ新大久保』（室橋裕和著、辰巳出版）によると、原発事故の後、帰国する韓国人が相次いだために、空いた店にインド人、ネパール人、ベトナム人らが入り、このエリアの多国籍化が進んだらしいが、それでもやっぱり新大久保はコリアンタウンだったという。

「スズメさん、ずっと通ってる？」

「この一年、コロナで来ていなかったけど、それまではちょくちょく。お店は移り変わりが激しいけど、いい店はやっぱり残ってる」と、ムックを手に。

「そのムックのタイトル、『イケメン』って、煽ってる？」

「多少は（笑）。でも、イケメンが多いのは確か」

どれどれ、とムックを開くとシュッとした二〇代の男の子たちの写真が次々と。彼らが「お相手」してくれるというレストランやカフェ、バーの紹介あり、「韓国人留学生が集まる隠れイケメンスポット」なんてページあり。「今は減ったけど、あの頃、K－POPのライブハウスが無数にあって、出待ちの子がいっぱいいた」とも。

私など、聞き覚えがあるのは東方神起《とうほうしんき》とBTSくらいか。K－POPの海外進出は、韓国政府が推進している韓流の輸出政策の一環だということも知らなかった。

「ファンはね、K－POPの歌手が片言の日本語で喋るのに、心くすぐられるんですよ。日本語ペラペラの子がライブハウスで韓国人のふりして接客していて、在日の子だったりもしたけど」とスズメさん。

そんな話を聞きながら大久保通りを東へ進み、アイドルグッズの店に入る。スズメさん自身はグッズにまったく興味がないが、「母に冬ソナグッズをずいぶん買って送った」とも「娘は『少女時代』が好きだった」とも。なんと親子三代にわたる韓流ファンだったのだと驚いたが、

「いっぱい来ますよ、そうスル人。イチバンは四代で来たカゾクいます」と店長さん。ちなみに来日四年とのこと。

「今、一番人気なのは？」

「イ・スンギ」

と店長、即答。旅客機墜落事故シーンから始まる話題作「バガボンド」の主演なんだそう。

次、コスメ店へ移動。ぷーんと甘い香りが漂うなか、女性客多し。ここでも「今、一番人気なのは？」と尋ねてみると、スタッフの河《ハ》さんが「MORNING SURPRISE」という美容液をすぐに案内してくれ、お疲れ気味だったスズメさんの目の下に試供品をつける。と、たちまち張りがでる不思議。八〇〇〇円近いが、「三カ月もつから、一個三〇〇〇円のパック買うよりずっとお得。私も使ってすごく変わりました」と、シミひとつないツルツル肌の河さんに言われれば、スズメさんも私もミイラ取りがミイラになるまで時間がかからなかった。河さん、個人的なことちょっと教えて。

「サムスンネ」の合鴨料理

「主人の転勤で日本に来てもう二〇年ですね。日本、いい人ばかりで大好き。ここ？　一〇年勤めてます。お客さんを綺麗にする。やり甲斐あります」

裏も表もない言葉みたい、とスズメさんと一致した。

▼▼▼「外国人だからね。苦労しました」

えごまの葉、チャンジャ、ジャンジャン麺、辛ラーメンからトッポギ、ブロック肉まで韓国食材がてんこ盛りのスーパーで、マジで韓国にいる気分を味わう買い物を経て、スズメさんに「サムスンネ」へ引っ張っていかれた。焼肉レストランずらりの街の合鴨の店へ。

「医食同源の韓国で、理想の滋養健康食の一つとして人気が高いのが合鴨料理なのよ。コレステロールを下げる不飽和脂肪酸が多く含まれているうえに、ミネラルやビタミンが豊富。ダイエットにもいい……」と、スズメさん。

「へ～、よく知ってるね～」

「ドラマから入った韓流だけど、私は食いしん坊だから食の勉強もかじったのよ。それに、ハングルを習いにも行った。韓流ファンに私みたいなのが大勢いる」

お見それしました――。

マッコリ片手につまんだ合鴨の燻製も塩焼きも柔らかくて旨味たっぷり。美味しかったのなんのって。ママの張秀《チャンスー》さん（七〇歳）に、

「茨城県の自社飼育場でヒナから育てているんですよ」

と聞いて、ええっ――？

他店と差異化を図るため、ソウルの自宅で「普通に」食べていた合鴨料理の提供をと考えた。しかし、「韓国から輸入はできない」と判明。他の国から取り寄せると「臭みがあった」ため、「自分たちで生産するしかない」。夫が、千葉の孵化業者からヒナを買いつけ、息子の協力を得て、四年かかって肥育と捌《さば》きを成功させたのだそう。以来一四年。高級居酒屋チェーンなどにも卸しているという。

「外人だからね、苦労しました」

張さんは全羅南道《チョルラナムド》の出身。ソウルで日本人客への宝石販売などを経て、貿易商の夫と二〇年ほど前に来日した。

「二〇〇二年の日韓サッカーワールドカップのときは伊勢丹や小田急で『韓国フェア』を出展していた」

「店名『サムスンネ』は三番目の娘の意味。私が三女だから。燻製は、茨城の工場で桜チ

ップを使って燻してる」

「息子は韓国生まれで、高校はカナダ、大学はボストン。たいへんだった震災の後、『ちょっと手伝って』とお願いして、そのままずっと。かわいそうなこと、しているね」

などと小一時間、転々と話を聞いてから、ストレートに訊いてみた。「ここにいて、過去の日本の加害の歴史を思うことはないですか」と。一瞬、ポカンとした顔つきになったあと、張さんは明るい声でこう返した。

「それは政治の世界の問題でしょ。今はお互いさま。日本の観光客、ヨン様でたくさん韓国にも新大久保にも来てくれるの、うれしいですよ。お互い、仲良くね」

韓国に帰国し、タクシーに乗って降りるとき、「無意識に『ありがとう』と日本語で言ってしまっている」と張さんは笑った。

そして、私とスズメさんは最後に合鴨のビビンバを頼み、「これまたおいしすぎ」と言い合いながら完食した。

通称「イケメン通り」に入り込むと、小ぶりの雑貨屋、食堂、カフェなどがずらり。ソウルの街の片隅に迷い込んだ錯覚に陥る。かと思えば、「イスラム横丁」では中華食材やハラルフード、香辛料の店が幅を効かし、ここは東南アジアかトルコか、といった雰囲気だ。外国人用の不動産屋や「海外送金」の店も目につき、B４判四四ページがハングルの広告で埋まった生活情報新聞「ハント」があちこちに置かれている。はたまた「神はあなたをおつくりになりました」と日本語と英語と中国語が交互に拡声されるコンパクトカーがゆっくり走りゆく。聞きしに勝る混沌ぶりに心が踊る。と同時に「ここになぜ？」と素朴な疑問も湧いてくる。

▼▼▼八〇年代後半に始まった新大久保のコリアンタウン化

今、「新大久保」と呼ばれるのは、行政区分でいうと、山手線の内側の新宿区大久保一丁目と二丁目、外側の百人町一丁目と二丁目を指す。大久保は大きな窪地があったという自然地形名、百人町は一六〇二（慶長七）年に伊賀の歴代服部半蔵が率いた武士集団、伊賀組の鉄砲隊百人が定住したのが地名の由来だとか。

かつては高田馬場方向に寄せ場があり、日雇い労働者が職を求めていた。そして、路地には連れ込みホテルが並び、〝立ちんぼ〟の女性が少なからずいたそうだが、前者はタワーマンション林立エリアに、後者の多くはゲストハウスやファッションホテルにすっかり様変わりしている。

ニューカマーの韓国人を中心に外国人が増えたのは、八〇年代の後半からだ。目と鼻の先にある歌舞伎町に、コリアンクラブが約五〇〇あった。当時のコリアンクラブは在日コリアンが経営し、ホステスのほとんどがニューカマーだった。経営者らが新大久保の２Ｄ

Ｋや３ＤＫのマンションに、彼女たちを複数で住まわせたのが、コリアンタウン化する最大の要因だったという。

前後して周辺に日本語学校が増えた。八五年から五年間に一三校が開校。九〇年当時の在籍学生数合計が約一七〇〇人にのぼり（稲葉佳子著『オオクボ都市の力』〈学芸出版社〉より）、留学生も住まいを近くに求めた。すると、韓国人ホステスや各国留学生らに向けた食料品店や食堂がじわじわと増える。自明の理だ。

「私が大学に入って大阪から東京に出てきたのは八二年ですが、あの当時、新大久保はごく普通の店しかありませんでした。大阪の鶴橋に売っていたようなキムチなど韓国食材を買うには、東上野まで行かなければならなかった」

こう話すのは、新大久保の日本語学校で教鞭をとる金弘明《キムホンミョン》さん。

そもそも今の日本の食卓に当たり前に並ぶ焼肉のタレ、キムチ、辛子明太子などが市民権を得るのは、八〇年代になる直前。七九年にモランボン（当時の社名はさくら物産）が俳優の米倉斉加年《よねくらまさかね》（一九三四〜二〇一四年）を起用し、彼が朝鮮の古老のいでたちで「ジャ〜ン」と焼肉のタレのテレビ宣伝をしてかららしい。米倉は福岡生まれの日本人だが、ＣＭに登場後、メディアの出演を断たれるなど妨害にあったというから、韓国朝鮮人へのそれほどの差別意識が蔓延していた時代だったということだろう。

新大久保のコリアンタウン化は、そのＣＭの放映から約一〇年後ということになるが、

「日本側の事情も、韓国側の事情もありました」と金さん。八三年に、中曽根康弘首相の掛け声で「留学生一〇万人計画」（二〇〇八年には福田康夫首相のもと「留学生三〇万人計画」）が策定される。そして八九年に韓国で海外渡航がようやく自由化される。そんな「事情」だ。

　今、日本中に日本語学校は七〇〇～八〇〇校あり、そのうち東京に約二四〇校。さらにそのうち新大久保には五七～八校あるそうだ。採算ベースは概ね一〇〇〇人規模以上。ということは五万七～八〇〇〇人の日本語学校生が、新大久保を行き交っている計算で、〇三年の「冬のソナタ」ブームから急増した韓流ファンを加算すると、新大久保の入れ込み人数は甚だ多い。

　しかも、新大久保の外国人居住人口は、三月一日現在、七三五六人。コロナ禍の一年で約一〇〇〇人減少したものの、全人口の約三六％である。

「界隈の草分けは、食品スーパーの『韓国広場』、サムギョプサルの『とんちゃん』、家庭料理の『オムニ食堂（シッタン）』でしょう。最近見つけたのは、野趣溢れる内臓鍋が四人で一万円ほどの店。感激しますよ」（金さん）

　私がたまたまランチに入って、唸ったのが「クンメー新大久保本店」のタイスキ春雨。あっさりでもこってりでもなく、酸味、甘みとも絶妙だ。おいしかった、の意を込めてフロアの女性に微笑んだら、「お口に合ってよかったです」と流暢な日本語が。

店長のトンピュ・ヤンナアパーさん（三八歳）。伯母が九〇年代に創業した店で、バンコクの大学を卒業後に来日したのは、伯母に「継いでください」と頼まれ、「ほかに特にやりたいことがなく、流れに身をまかせるタイプだから」。来日後、日本語学校とビジネスの専門学校で学び、今ではこの店の運営の一切を担っているという。

「味？　素晴らしいコックさんのおかげです。エビのさつま揚げ、コリアンダーサラダ、空芯菜炒め……。夜も来てくださいね」

トンピュさんもまた、七三五六人のなかの一人だ。

▼▼▼「文化センター・アリラン」——事務局長・鄭剛憲さんのライフヒストリー

職安通りに面したビルの八階にある文化センター・アリランに足をのばした。

「ようこそ」と、事務局長の鄭剛憲《チョンガンホン》さん（六六歳）が迎えてくれた。韓国・朝鮮に関する本や新聞、資料約四万点を所蔵し、無料で閲覧できる図書館だ。一九九二年に、在日二世の実業家・朴載日《パクチェイル》さん（一九三〇〜二〇〇八年）が私費を投じて、埼玉県川口市に創設。氏の逝去後、二〇一〇年にここへ移転してきている。

「朴さんは一五歳まで皇国教育を受けた人ですが、子どもの頃、チョゴリを着て歩くお母さんが恥ずかしく、離れて歩いたそうです。長じて、自分がなぜ日本で生まれたか、なぜ

文化センター・アリラン事務局長（取材当時）の鄭剛憲さん

朝鮮人が蔑視されてきたのか、歴史的背景を知った。お母さんへの贖罪も込めて、歴史を知る場が必要と思ったんですね」

と開設の経緯を聞き、じ～んとしたが、成り行き上、鄭さんに「あなたはどういう経緯で事務局に？」と質問。その返答につながる来し方の話に、私はたいそう心打たれた。

「大学に入るまで、私は『中村くん』だったんです」と鄭さんは言った。

父が朝鮮人。母が日本人。横浜の生まれ育ち。中村は、母の姓だ。幼い頃、プロペラ機に乗ってソウルに行き、半年ほど暮らしたことがある。そのことを小学校で自慢すると、途端に友達の態度が変わった。いじめられたのだ。「それからです、朝鮮人であることをひた隠しにしたのは」。

高校生のとき、新学期に配られる「家族調査票」に父の名前を記入しなければならない。クラスメートに見られたら朝鮮人であることがバレるとハラハラし、毎年、その調査票を回収する役を買って出た。「ところが、早稲田大学に入学すると、韓文研（韓国文化研究会）の人がやってきて、我々は在日として主体性を持って生きなければならないと一晩でオルグされた」

なぜ在日であることを隠してきたのか。それは日本人から、理由のない差別をされてきたからだ。自分一人の問題ではない。学習を重ね、本名を名乗る「第二の人生」がスタートする。英語の授業中に、英語でカミングアウトしたとき「晴れ晴れした気持ち」だったことを鮮明に覚えている。

その後、朴正熙《パクチョンヒ》独裁政権打倒、南北統一などを掲げ、仲間と共に反差別の活動に邁進する大学時代を送る。一九七七年の卒業。在日は一般企業への就職の道がまったく閉ざされていた。そのため、いわゆる「街金」や不動産競売の仕事につき、定年まで。傍ら、ここ文化センター・アリランの講演会を聴講にきていたため、「事務局へ」と請われた——。

かなり端折って書いたが、鄭さんの人生、縷々。私など、在日のあの人もこの人もカミングアウト前に「それほど」の苦しみだったのかと目からウロコを落とし、「日本の学校に行った私には、朝鮮学校出身の人たちとはまた違う苦しみが、私たちにはあった」という鄭さんの言葉がずしんと響いたのだった。

ちなみに、鄭さんの父は、在日の統一運動家であり、言論家でもあった「最後の亡命者」鄭敬謨《チョンギョンモ》さん（一九二四〜二〇二一年）だと、話の途中で知った。

文化センター・アリランの書棚は、伝記、地理、日韓関係、日本軍・慰安婦、韓国併合、関東大震災などとオリジナルの区分けがなされている。その前での鄭さんの話は、二〇一三年から始まった新大久保でのヘイトスピーチにも及んだ。「ショックだったのは、ベビ

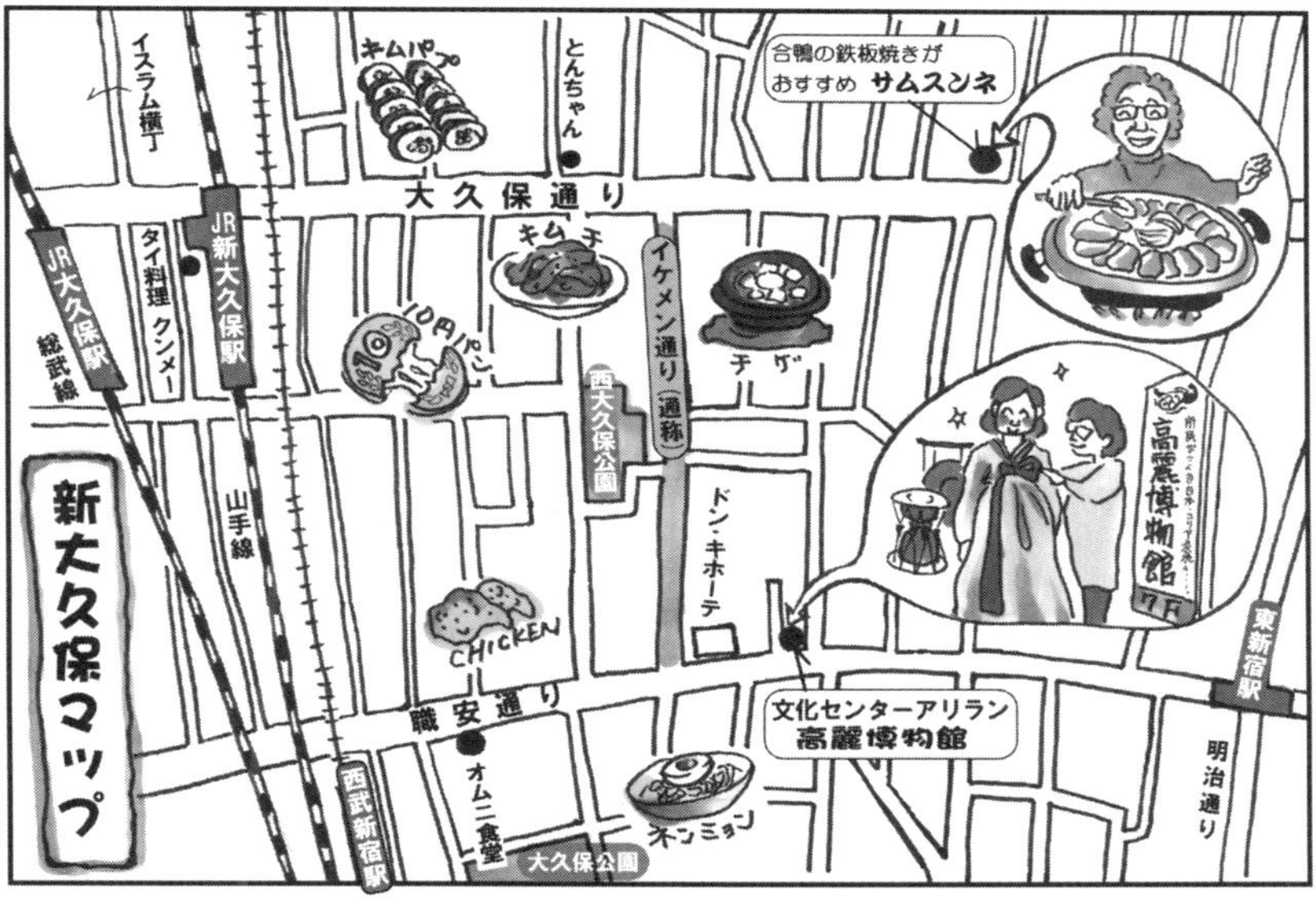

ーカーを押す女性らもヘイト側にいたこと」。

▼▼▼市民がつくる日本とコリア交流拠点「高麗博物館」

文化センター・アリランをおいとまして、同じビルの七階にある高麗博物館へ。こちらは、一九九〇年に在日女性書画家・申《シン》英《ヨン》愛《エ》さんの「侵略統治の歪められた差別意識を引きずったままの戦後」に言及する朝日新聞への投稿をきっかけに、市民が日本とコリアの交流を学ぶ場を求める声が高まり、長い準備期間を経て二〇〇一年に開館した。「すべてボランティアで運営しています」と、村上啓子さん（七八歳）と渡邊泰子さん（七〇歳）。

開催中の企画展「朝鮮ゆかりの歴史地図―東京界隈編」を見学する。

なになに？　調布の深大寺《じんだいじ》の本尊・釈迦如来像は、関東地方最古の白鳳時代の金銅仏で、縁起に高句麗系と見られる人々が登場するって。墨田区八広《やひろ》には、関東大震災時のでたらめな流言飛語によって朝鮮人虐殺が行われた、その「殉難追悼之碑」が建っているって……。写真とコメントで四二カ所が紹介されていて、その多さに驚く。勉強になる。

「文化祭のノリで、皆で調べて、手分けして回りました」（渡邊さん）

編集委員会を作って上梓したという『市民がつくる日本・コリア交流の歴史』（明石書店）を買い、むくむくと頭をもたげてきた向学心とともに持ち帰った。

（二〇二一年一月～二月取材）

戦争の記憶が伝わる場

千鳥ヶ淵・本郷・早稲田

▼▼▼三七万柱が静かに眠る「千鳥ヶ淵戦没者墓苑」

エリアを定めて歩くこの企画だが、今回は特別編。「戦争」の記憶と密接な都心のスポット三カ所を回ることにした。

一つ目は、千鳥ヶ淵《ちどりがふち》戦没者墓苑（千代田区三番町）。いつぞや千鳥ヶ淵へ桜を愛でに来たとき、すぐ横に静寂の場所があることに気づき、「あ、ここだったのか」と。花見客たちの目にはとまっていないさそう。まるで禅寺のように枯れ枝一つ落ちていないなぁ。門外から覗いたあの日、そんな印象を持ったことを思い出しながら、初めて敷地内に足を踏み入れた。

〈先の大戦で亡くなられた邦人の御遺骨を納めるため、昭和三四年、国により建設された「無名戦没者の墓」です〉との説明板に、〈どなたでも御参拝いただけます〉とある。

千鳥ヶ淵戦没者墓苑の納骨堂

界隈は、一九五〇年に開業した「千鳥ヶ淵ボート場」が殺風景だったため、五五年頃から順次多くの桜が植えられたそうだが、ここが五九年に建設されたということは、そんな桜の名所とほぼ同じ時間軸を持っているところなのだ。厚生労働省と環境省の管轄。

五〇〇〇坪——広い。道なりに進むと、椎、樫、松など常緑樹が茂る森を背に、六角形のすっきりとしたフォルムの納骨堂が建っていた。その中央に、古代豪族の棺に模したという「陶棺」があり、左手で売られている一〇〇円の黄色と白の菊花が、ざっと五〇本ほど手向けられている。寒空の日でも墓参者が少なくないところなのだと認識を新たにし、宗教色がまったくないことに、ほっとした。

「軍人、軍属のみならず、一般邦人も含め、約二四〇万人が先の大戦において海外で亡くなられました。大変な数です。現在までに一二八万柱が発掘されて帰還されました。逆に言うと、約半数にあたる一一二万柱は今も現地で眠っていらっしゃるということです。ここには、帰還されたご遺骨のうち、ご遺族に引き渡すことのできなかった約三七万柱が納められています」

と、公益財団法人・千鳥ヶ淵戦没者墓苑奉仕会理事長の山崎文夫さんが取材に応じてくださった。

サンフランシスコ講和条約が発効され日本が独立を回復した一九五二年、吉田茂首相を総裁とする「全日本無名戦没者合葬墓建設会」が発足した。戦没軍人ではなく、あまねく「無名戦没者」の墓の建設であることがポイントだ。

翌五三年、「故国へ持ち帰られた戦没者の遺骨のうち、氏名を特定できないもの、並びに遺族が不明のため遺族に渡すことができないものを国の責任において維持管理する」と閣議決定された。護国寺、靖国神社の境内も含め九カ所の候補地があがったなか、「皇居に近く、千代田の森や北の丸の緑を借景しうる」などを理由に、千鳥ヶ淵に決定したそうだ。

「『海外』が指すのは、どの地域ですか?」

「硫黄島、沖縄を含む、日本本土以外の海外各戦域のすべてです」（山崎さん）

事務所で、各戦域での戦没者概数等も書き入れた地図を見せてもらった。最も多いのは「フィリピン、五一万八〇〇〇柱」、続いて「中国本土、四六万五七〇〇柱」「中部太平洋諸島、二四万七〇〇〇柱」、「満州、二四万五四〇〇柱」……。北は旧ソ連邦、西はインド、南はニューギニアやビスマーク・ソロモン諸島まで。恐ろしく広域であった。

私ごとだが、その地図を見て、にわかに思い出したのが、以前、一九二四年生まれだった亡父が「僕らはこんなのを使わされていた」と苦笑しながら見せてくれた「下敷き」だ。日本軍が進駐中の地域すべてが赤色に塗られ、日本の領土だと主張する世界地図が描かれており、学校から配布されたという。あのようなおぞましい地図に煽られて海を渡り、戦没した人もいたのではないか。

▼▼▼遺骨収集は困難を極め、DNA鑑定も二度

「昭和二七年から昭和五〇年まで、三次にわたって政府派遣団による遺骨収集が行われましたが、『これで収納が終わりました』とは、とてもなりませんでした。その後、民間が中心になって、厚生省（当時）が資金面をカバーする形で、遺骨収集が続けられています」（同）

遺骨収集の流れは、こうだ。

海外公文書館から得られた情報や、戦友会、遺族会などから寄せられた情報をもとに、具体的な埋葬場所の所在地を推定し、現地の行政府と調整するなど事前に綿密な準備を行った上で、遺骨収集団が現地に赴く。しかしながら困難をきわめる。海で、山で、谷で、「肉」は朽ちて骨だけ残っているといった無残な状態になっていることが、もはや少なくないからだ。

どうにかこうにか骨を拾う。日本と現地双方の遺骨鑑定人が、骨の形質鑑定を行い、「日本人の遺骨であろう」と判断すると、骨の一部を日本に持ち帰り、ＤＮＡ鑑定をする。結果、日本人の骨であると判定されると、再度現地に赴いて全骨を火葬し、追悼式を行った上で焼骨を日本に送還となる。そして、ようやく厚生労働省へ渡される。

「厚労省に霊安室があり、送還された遺骨はそこに置かれ、平成一五年度からは身元特定のための（二度目の）ＤＮＡ鑑定が行われています。厚労省ホームページの『戦没者遺族への援護』ＵＲＬなどで遺族と思われる方を募り、遺骨の一部と、ご遺族の口の内側の粘膜からＤＮＡを抽出。血縁の可能性を推定しているんですね。鑑定がマッチすると、遺族にお返しします。今年（二〇二一年）の三月までに一二〇〇件の身元が判明しました。ここに納骨されている計三七万柱は、ご遺族とマッチしなかったご遺骨です」（同）

納骨堂の地下空間に、一柱ずつ骨壷に入れて納められているそうだ。一般的な霊園なら、墓参者の多くは遺族だが、ここに納骨されているのは、遺族が「いない」人たちの遺骨だ。墓参者の多くは、「祖父がここにいるかもしれない」「死んだ戦友のために」といった人たちらしい。

紙切れ一枚の戦死広報。箱には、石ころ一つが入っていた——。「終わった」話ではないのだとひしひし。墓参者に向けて置かれた雑記帳をめくる。

父は私が三歳の頃、朝鮮から出兵し、ビルマで餓死状態で戦死したようです。（中略）体力的にも今回が最後と思い、三年ぶりに来ました。（横浜市、八〇歳）

私は、満州奉天市で生まれました。二歳半の時、ハルピンで終戦。青酸カリと砂糖を持った二七歳の母は、私と妹を守ってくれました（中略）。父は一年後、昭和二一年九月末、コロ島から博多港に引き揚げて来ました。亡くなられた方のご冥福をお祈り申し上げます。（無名）……。

「戦後七六年。ご遺族も高齢になられましたが、戦争は終わっていないとつくづく感じます。私？　第二の職場としてここ千鳥ヶ淵戦没者墓苑に来ました。関われば関わるほど、知れば知るほど意義深いと思います」

しみじみと話す山崎さんは、「今も年に数通、見知らぬ遺族から『戦死した父の最期を知りたい』などと綴った手紙が届く」ともいう。部隊の記録や戦友会情報をはじめ、さまざまな資料にあたって調べ、「二、三カ月かかりますが、できる限りの回答を差し上げています」。頭が下がる。

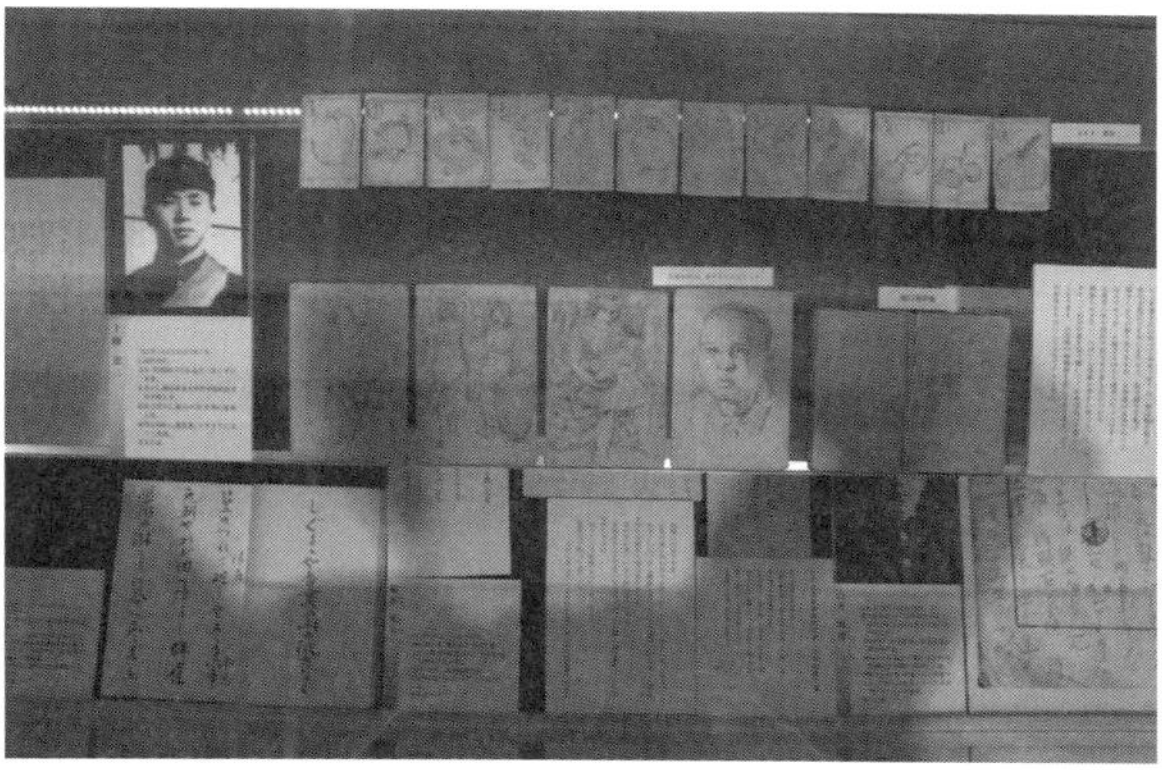

わだつみのこえ記念館の展示室

▼▼▼戦没学生筆の遺稿ずらり「わだつみのこえ記念館」

続いて訪ねたのは、東大赤門すぐのマンションの一階にある、わだつみのこえ記念館（文京区本郷五丁目）。「わだつみ」とは万葉集以来の雅語、海の神。転じて海を指すらしい。海に消えた戦没学生の「声」に耳を傾けよう、というネーミングだ。「《不再戦・平和》を発信するアーカイブ館」がキャッチコピーの記念館である。

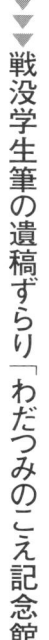

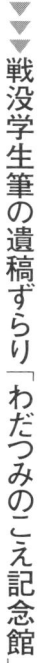

一二月のその日、山辺昌彦館長が迎えてくれ、開口一番「まずご覧になりますか」と。二階の展示室へ直行した。

最初に目に飛び込んできたのは、約四〇人の学生のモノクロ顔写真と、スマートな男性の裸体ブロンズ像。写真は、そのほとんどが学生服姿で、約半数が学生帽も着用。戦没学生の「前途ある学生」時代のポートレートだ。ブロンズ像は、彫刻家・本郷新《しん》（一九〇五～八〇年）によって制作された「わだつみ像」。右足に重心を置いて立ち、うつむき加減。苦悩の顔つきのように、私の目には映った。

戦時中の大学など高等教育機関への進学率はわずか五％程度だ。「将来、国を担うエリート候補生」として徴兵猶予されていた措置が一九四三年一〇月に停止された。まず文系の学生が、続いて一部の専攻を除く理科系の学生が徴兵検査を受け、陸海軍に入隊を余儀なくされた。在学中に、あるいは仮卒業となって徴兵された事態を「学徒出陣」と呼ぶ。当時の一握りの、語彙も思想も持った若者が「戦没学生」となったのである。

メインの展示は戦没学生の遺稿だ。便箋や原稿用紙にペンで認《したた》めた親や妻、恋人へのリアルな手紙や日記、それをワープロ打ちしたもの、当人のプロフィールと写真が、ガラスケースの中に約一〇〇点並んでいる。アジア・太平洋戦争の展開時期の区分に従って展示されているとのことで、順にさくっと見学しようと思ったが、そうはいかなかった。一つひとつに見入ってしまわずにおれなかったからだ。

▼▼▼「明日は自由主義者が一人この世から去って行きます」

例をあげよう。
▼上原良司《りょうじ》さん。一九二二年（大正一一）、長野県出身の慶應義塾大学生。四五年五月一一日に沖縄で陸軍特別攻撃隊第五六振武《しんぶ》隊員として戦死。その前夜に書いた「所感」。

（前略）飛行機に乗れば器械に過ぎぬのですけれど、一旦下りればやはり人間ですから、そこには感情もあり、熱情も動きます。愛する恋人に死なれた時、自分も一緒に精神的には死んで居りました。天国に待ちある人、天国に於て彼女と会へると思ふと死は天国に行く途中でしかありませんから何でもありません。明日は出撃です。（中略）明日は自由主義者が一人この世から去って行きます。（後略）

▼奥村克郎さん。一九二一年（大正一〇）、岐阜県出身。浜松高等工業学校卒業後、陸軍に入営。四四年九月三〇日、グアム島で戦死。享年二三歳。四三年三月八日付、母・松枝さんへの手紙。

（前略）日本は今決してよき方向へ進んではいませぬ。純精神的には国家そのものから国民一人一人が離れ行きつつあるのではないかとさへ考へさせられます。

この戦争は理では勝てませぬ。（中略）

我々幹部候補生は現在、決して、国家の危急を救ふ熱意などと（い）ふ、大げさなものに依っては生活してゐませぬ。（中略）

服従と（い）ふ事が苛酷なまでに要求せられます。服従の精神何んといふ表面的に

は情けない心でせう。（後略）

▼宇田川達さん。一九二〇年（大正九）、埼玉県出身。四二年一月山田邦子と結婚。九月早稲田大学法学部卒業。一〇月入営。四三年一月長男誕生。四五年一月二五日に鹿児島県坊津沖海上で戦死。「戦死ノ公報アラバ開封スベシ」として妻に宛てた手紙。

（前略）どうか邦子ちゃん、淳を育てて永生きをして下さい。私もきっときっと邦子ちゃんと淳を護《まも》ります。（中略）

邦子ちゃん、私が、私の心臓が止まるその瞬間迄私は邦子ちゃんのことを思ってゐるでせう。そして邦子ちゃんの名を呼ぶでせう。（中略）

こうしてゐると頭が変になりさうです。只、邦子ちゃんに済まないと思ふ。私は邦子ちゃんと結婚して幸を得たけれど、邦子ちゃんは私と結婚しなければこんなに若くして未亡人にならずに済んだのではないかとも思ったりする。そして済まぬとも思ふ。邦子ちゃん、淳をたのみます。私の頭は邦子ちゃんと淳のことときり考へて居ない。（後略）

翌日に死ぬ、もしくは近い将来に死が待っていることが明白な当時の大学生が選んだ言葉が心に刺さる。おそらく有言無限の圧から「(国に) 御霊を捧げます」的なフレーズが入ったものもあれば、妻と暮らした思い出を振り返り、幼い息子を託す旨を綴るものもある。

上原さんの〈明日は自由主義者が一人この世から去って行きます〉の部分に傍線を引きたくなった。そのあとで、この文章を既読していたと気づいたのだから、私はぼんやりだ。そう、岩波文庫『きけわだつみのこえ　日本戦没学生の手記』の冒頭に収録されていたのだった。

「本物をこの目で見るのは迫力が違いますね。考えに考えて一字一句記された重みが、怖いほど伝わってきます」と申し上げると、山辺館長が「それ、それなんです、展示の意義は」とおっしゃった。「見学に来た若い人たちからも現物を見てはじめて戦争を実感したという感想をよく聞きます」。

▼▼▼わだつみ会の活動　軸足は反戦・平和運動に

この記念館は二〇〇六年一二月に開館した。前史が長い。

戦後まもなく東京大学自治会に編集委員会が発足し、戦没東大生の手記を募集。一九四七年、ヒューマニズムに力点を置く編集方針で『はるかなる山河に』が編まれる。翌四八年、東大の枠を越えた「日本戦没学生手記編纂委員会」が結成され、全国に手記を募ると三〇九人から応募があった。これは「平和」に力点をおいて編纂され、四九年『きけわだつみのこえ』刊行。ベストセラーとなり、五〇年に「日本戦没学生記念会（わだつみ会）」結成……。

その詳細を追うには紙幅が足りないが、わだつみ会は五九年から反戦・平和運動に軸足を置いて活動。鶴見俊輔、高橋武智、安田武、渡辺清ら錚々たる思想家・作家も関わった。

そんな経緯の詳細をお話しいただいたのは、わだつみ会の「最も古い会員」という岡田裕之さん（九三歳）。「学徒出陣から半世紀を経た一九九三年、戦没学生の遺族の高齢化が進み、遺稿の保存が難しくなっていくなか、記念館設立を呼びかけ、募金を始めました。一三年かかって開館に至ったんです」

以来一五年。館の運営にあたる「ＮＰＯ法人わだつみのこえ記念館」会員らの高齢化は免れないが、理事長の渡辺總子さんは、若い人に関心を持ってもらおうと、自らツイッター（現・Ｘ《エックス》）で頻繁に遺稿の紹介もしている。

▼▼▼一七九人の女性顔写真が迎える「女たちの戦争と平和資料館」

三つ目は、アクティブ・ミュージアム「女たちの戦争と平和資料館」（通称ｗａｍ：

Women's Active Museum on war and peace ／新宿区西早稲田二丁目）。早稲田通りに近い、レンガ造りの建物の二階にある。

エントランスで、年配女性たち一七九人のポートレートに迎えられる。じっとこちらを見据える人、穏やかな表情の人、こわばった顔つきの人……。出身地は日本、韓国、台湾、中国、インドネシア、フィリピンなどさまざまだが、共通するのは、シワが深く刻まれていることと意思力の強さだろうか。先の戦争で「慰安婦」にさせられたことを勇気を出してカミングアウトした女性たちだ。戦時性暴力、とりわけ日本軍の「慰安婦」制度をテーマにしたミュージアムである。二〇〇五年にオープンした。

エントランスに展示されている日本軍「慰安婦」被害者の方々のポートレート

大きな地図が貼られ、慰安所があったところに印がついている。私はその多さに腰を抜かしそうになった。ロシア連邦から南太平洋諸島まで。千鳥ヶ淵戦没者墓苑で見た、戦没者が出た地＝侵略した地とエリアが重なるのは当然といえば当然だ。

「一九三二年の第一次上海事変のときに、上海で日本軍兵士による強姦事件が多発したので、陸軍が日本兵の『性問題解決のため』として慰安所をつくったことを将校が回想録に記しています。これが現存する資料から分かるなかで最も早い時期の慰安所です。その後の日中全面戦争で慰安所は拡大され、アジア・太平洋戦争でアジア各地に広がったのです」と、事務局長の山下芙美子さんが話す。経営や女性集めは主に民間の業者に託されたが、軍直営の慰安所もあった。日本の政治と社会、市民の取り組みと国際社会、「慰安婦」被害者の動きを一覧できる年表をにらみ、説明ボードを読む。

「兵士たちが性病にかかるリスクを減らすため」という勝手な理由から、性体験のない一〇代の女性たちまでもが集められたと知り、青ざめてしまう。部隊の移動にともなって「慰安婦」たちも移動を強いられたわけだが、山下さんは「従軍慰安婦」という言い方はしないという。

▼▼▼「従軍」「慰安婦」文字の意味を考えよう

「軍に従うと書いて『従軍』ですから、従軍慰安婦は『自ら進んで軍に従った』という意味にとれます。戦後になって使われだした造語でもあり、私たちは使いません。また、労をねぎらって楽しませるという意味の『慰安』は、女性たちの状況とかけ離れているでしょう？　正しくは日本軍性奴隷ですね。ただし、日本軍の文書に使われているため、歴史用語として、私たちはカッコをつけて『慰安婦』と表記します」

一も二もなく納得だ。日本軍のトラックに無理やり乗せられ、慰安所に連れてこられた。外出の自由はなく監禁状態だった。抵抗すると暴力を振るわれた……。意を決して名乗り出た「元慰安婦」の女性たちの証言にも目が釘付けになる。

ｗａｍの生みの親は、日本軍性奴隷制の責任者を裁く「女性国際戦犯法廷」の開催（二〇〇〇年一二月）を提案した元朝日新聞編集委員のジャーナリスト、松井やよりさん（一九三四〜二〇〇二年）だ。二〇〇二年にがん告知を受けると、すぐさまｗａｍの建設を仲間に託した。逝去後、松井さんの遺産と資料を「ＮＰＯ法人女たちの戦争と平和人権基金」が受け継ぎ、運営されている。

この号が出るころ、「中学生のための『慰安婦』展＋教科書」と題する特別展が開かれている。一九九七年度から使われた中学社会科（歴史的分野）の教科書では七社すべてに日本軍「慰安婦」の記載があった。ところが、二〇〇七年に安倍首相（当時）が「軍による強制連行はなかった」と発言したことが私の記憶にすらある。現在では「慰安婦」が記載されている教科書を使用している中学生は全体の二・二％だという。由々しき問題だ。

二時間半ほどの滞在だったが、帰るとき、一七九人のポートレートの前を通ると、「私たち、思い切り頑張って名乗り出たんだから、あんたたちもしっかりしなさいよ」と言われているような気がした。

（二〇二一年一二月取材）

芝浦屠場と東海道最初の宿場町を歩く

品川

▼▼▼四つの民営屠場を統合して設立された「芝浦屠場」

品川駅の中央改札で、栃木《とちぎ》裕《ゆたか》さん（六四歳）と待ち合わせた。栃木さんは、品川駅港南口すぐにある東京都中央卸売市場食肉市場（通称・芝浦屠場）併設の屠場で三四年間働いたOBで、『シリーズお仕事探検隊　屠畜のお仕事』（解放出版社）の著者だ。

私は同著を読んで、私たちが日ごろ美味しい美味しいと食べている食肉が、どのように「生産」されているのかを知っていたく感動し、屠畜の現場を見たくなった。実は鶏の屠畜場に取材に行った三〇代のとき、場内に入るや否や意識が遠のき、倒れてしまった。以来そうした場は自分には無理と避けてきていたのに、である。牛と豚を屠る技術の詳述に加え、屠畜は畜産業の最終工程であると書かれていた部分にも感じ入るものがあった。

三月初旬。あいにく、まん延防止等重点措置期間中につき、食肉市場は見学できない。

栃木裕さん

芝浦屠場の外観

屠場の近くで話を聞きたいと申し出て、栃木さんが応じてくださったのだ。品川駅の通路を一緒に歩いて港南口に向かう。土曜日の真っ昼間だというのに、ずいぶんな人出だ。

「私が芝浦屠場に入職したのは一九八五年。二〇〇三年に新幹線の駅ができる少し前にこの通路ができたんですが、それまで地下道だったんですよ。西側と大違い。地下道を出ると小さなロータリーで、木が一本と立ち食いそばの店が一軒あっただけ。その先、昭和初期は倉庫と朝鮮人部落と、屠場だった」と、栃木さん。

品川スカイウェイ（というらしい＝高架の歩行者専用通路）が品川インターシティや品川グランドコモンズなど摩天楼ビルに続く、現在の光景からは想像もつかない。

――芝浦屠場はいつから品川にあるんですか？

「一九三六（昭和一一）年です」

――なぜここが選ばれたのです？

「もともと埋立地で、人家がなく、広い土地が確保できる上に、輸送が便利な地だったからです。屠場より半年ほど早く、家畜の生体を売買する家畜市場が建設されますが、その際に、牛や豚を運んで来るのに必要な貨物の引き込み線ができました」

栃木さんが持ってきてくれた『芝浦屠場80年史』（二〇一六年刊）によると、東京における屠場の歴史は幕末に始まる。草分けは中川嘉兵衛さんという人で、品川・高輪《たかなわ》周辺（現・港区）に集まっていた外国公使館に肉を納めるため、江戸市中ではなく、隣接する荏原《えばら》郡白金《しろかね》今里村（同）の名主の敷地を借りて設けたとされる。明治初期、築地に官営屠場が設けられたが約二年で廃止され、昭和初期までの間に大崎（現・品川区）をはじめ白金・芝浦（現・港区）エリア、浅草・三ノ輪《みのわ》（現・台東区）を中心に、いくつもの民間屠場ができる。

主だった担い手の一人に木村荘平（一八四一～一九〇六年）の名を見つけた。木村は牛鍋店「いろは」を広くチェーン展開して大成功を収めると共に、一八八七（明治二〇）年から市中で火葬場を経営した、やり手の実業家だ。今、都内六カ所の火葬場を直営する東京博善株式会社の創業者、もっと言えば近代火葬の生みの親である。同じ人が、同じ時期に屠場も経営していたとは。肉食が急激に広まる時期だ。彼の設立した屠畜会社の株が兜町《かぶとちょう》（証券市場）の人気をさらい、買い占め騒動まで起きたという。

芝浦屠場は、東京市中で稼働していた、主に四か所の民間屠場（三ノ輪、千住、寺島、大崎）を統合して、東京市営として設立された。一九二六（大正一五）年、監督官庁の警視庁が、その四屠場に対して衛生状態を問い、「合同の上、適切な地に完全なる屠場を建設すべき」と有無を言わさず勧告した。それを契機に、設置が具体化。並行して家畜市場、中央卸売市場食肉市場の設置計画も動き出し、難航の末に「東洋一」の規模で完成した。戦時中を除き、拡張・発展の一途を辿った。

▼▼▼ブランドとしての「芝浦」

「古い時代の名残？　ありますよ」

と、栃木さんが通用門右手のレンガ風の壁を指す。「少し曲がりながら続いているでしょ。引き込み線の跡です」

戦後、家畜市場は有名無実化したものの、かつて牛を積む「家畜車」、豚を積む「豚積車」がどんどん品川駅に着き、引き込み線で南側の入り口を経由して場内に乗り入れたのだ。『芝浦屠場80年史』に、一九五九年度に品川駅へ入荷した家畜の「出荷元」の分布図があり、豚は東北と北海道が多いが九州からも。牛は北海道から九州まで、特に南九州が多かったとある。七二年に引き込み線が廃され、すべてトラック輸送に代わっても、全国から。産地で屠畜せずに、なぜ遠路芝浦まで運ばれて来るのかと素朴な疑問を栃木さんに投げる。

「芝浦がブランドだからです」

はい？

「遠くから運ぶと、陸送費が高くついてペイできないんじゃないかって？　ところができるんですね。全国の肉が買えるから仲卸が集まってくる。どこの屠場で屠畜するかを決めるのは生産者ですが、『芝浦にも出している』『芝浦で表彰された』というと、（家畜の）価値が上がるから。産地とは別に、屠場としての『芝浦ブランド』があるんですね」

芝浦に着いた牛・豚は、長旅の疲れを癒してストレスのない肉質に戻すため、必ず一晩置かれ、翌日に精巧な技術によって解体されるのだという。その工程は進化してきた。

牛は、眉間に屠畜銃を撃って気絶させ、喉にある頸動脈をナイフで切って血抜きする。豚は、麻酔室へ追い込んで昏睡状態にさせ、一気に「胸割り」して血抜きする。まず、そうした工程がスピーディーに行われ、足や頭などの切除、皮剝ぎ、内臓の取り出しなど約三〇もの工程が行なわれて枝肉《えだにく》となる。と、さくっと書いたが、どの工程もナイフ捌きの正確さと速さが問われる、気迫に満ちた職人技だ。

現在、一日あたり約四〇〇頭の牛、約八〇〇頭の豚が、ここで枝肉になっている。現場作業に従事する職員は約二四〇人。

約二万坪の芝浦屠場の周囲を一回りする。巨大な冷蔵庫や食肉衛生検査所、仲卸業者が使う部屋がある九階建のビルは見えても、牛や豚はまったく見えない。

▼▼▼全芝浦屠場労働組合の闘い

――栃木さんはなぜ屠場に勤めたんですか？

「前職はコンピュータのプログラマーで、残業だらけだったんです。ここなら、定時に終われて当時三歳だった子どもを保育園に迎えにいけたから」

そんな話に続いて、「やっぱり、むちゃくちゃ大変な仕事だったでしょ？」と言うと、「いいや、結果的にすごく楽しくて達成感のある仕事だった」ときっぱり。「切り取った豚の頭や剥いだ皮の運搬などを担当した入職当時、肉体的に辛いのに達成感のない仕事だと思ったんですが、家畜の足をナイフで切除する仕事に代わったとき、俄然楽しくなった。いかにナイフを研ぎ、どう処理すると一秒でも早く捌けるかとか、技術を向上させることに喜びと生きがいを感じたね」。

一方、歴史的に部落産業だという位置付けの下で、重労働と低賃金を強いられ、「家畜を殺す残酷な仕事だ」と差別の目を向けられがちな職域だったのも事実。戦後、需要が激増したにもかかわらず、経営合理化の名の下に都職員数が大幅に削減されたため、一九六〇年代半ばには解体業務が都職員だけでは回らなくなり、内臓業の労働者らが「作業協力」することが常態化した。六七年、都から作業協力に対する報償金が支払われるようになったが、内臓業の経営者側（親方）にまとめて払われたため、労働者の手元に渡らない場合もあり、つまり、実質的に「タダ働き」だった人も少なくなかった。労働者の手元に渡っても、その額は都職員給与のわずか一〇分の一だったという記録もある。また、労災保険への加入の有無など都職員との雇用条件の差が目に余った。憤りを感じた人たちが全芝浦屠場労働組合を結成して「タダ働き撤廃」をスローガンに闘い、八〇年に解体現場で働く全員を都職員にさせたという歴史がある。のちに栃木さんは全芝浦屠場労働組合委員長に就任。施設の改善や業界全体の向上に奔走してきたそうだ。

西門を入ってすぐのところにある「獣魂碑」なるものを見に行く。

ふ〜む。明治期に白金（港区）の屠場跡、大正期に三ノ輪（荒川区）の屠場に建てられたものが移設されている模様。築地市場近くの波除神社内に魚や貝の供養塚があったことを思い出すが、屠場のこの「獣魂碑」って、牛や豚に「殺してごめんなさい」と示しているのだなー。

「今も宗教者が来て鎮魂式をやっています。でも私は『殺してごめんね』じゃないだろうと思う。家畜たちのおかげで、肉の業界が発展し、社会貢献できているという感謝こそ必要。私はこんなもの要らないと思っていますけどね」

と、栃木さんが憮然として言った。

願生寺の境内墓地にある「牛供養塔」

「高輪大木戸」付近に「牛町」があった

この日、実は歴史散策好きな栃木さんは、「ついでに少し足を延ばしますか?」と、品川駅の高輪口（西側）を南北に走る第一京浜道路（国道一五号線）沿い六〇〇〜七〇〇メートルほど北にある歴史ポイント二カ所にも連れて行ってくれた。

一つは、江戸時代の石積みが残っている高輪大木戸跡。

「ここが江戸の南の入り口だった」

ということは、その昔、品川は江戸の外だったのだと改めて思う。

第一京浜は、湾岸に沿った旧東海道だ。「道幅約六間（約一〇メートル）の旧東海道の両側に石垣を築き夜閉めて通行止め、治安の維持と交通規制の機能を持っていた」と案内板にあり、あの「入り鉄砲に出女」の場所だったのだと。

「京登り、東下り、伊勢参りなどの旅人の送り迎えもここまで。付近には茶屋もあったようです」と栃木さん。

もう一つは、願生寺《がんしょうじ》（浄土宗）の境内墓地にある「牛供養塔」だ。屠場に建っていた「獣魂碑」とは趣旨が違う……とは、栃木さんの眼差しから察せられる。

「江戸幕府が江戸城増築のときなど、重いものを京都から運んで来るために牛が使われた。この寺の門前が、京都から連行されてきた、今でいう運送屋である『牛屋』たちが住む『牛町』だったんですよ。なので、ここに」

なるほど。「働いてくれた牛たち、ありがとう」のメッセージが込められた碑なのだ。一七三八（元文三）年の建立。三メートルはあろう大きな竿石に「南無阿弥陀佛」、台座に「高輪牛供養塔」と刻まれていたのだった。

目と鼻の先に、二〇二〇年に開設した高輪ゲートウェイ駅。品川駅に戻る途中、「しかし、あの駅名はいただけないですね」などと話していると、「ただ、あの駅関連の工事のおかげで良かったことが一つある」と栃木さんがにやり。カバンからタブレットを取り出して、なにやら浮世絵を見せてくれる。色鮮やかに、海、列車、東海道を行き交う人々が描かれている。

「これ、三代目歌川広重。新橋・横浜間に日本で初めて鉄道が敷かれたでしょ？　この辺りは、遠浅の海だったので石垣の堤を築いて敷設された。その光景です。工事中に、石垣の堤の遺構が見つかったんですよ」

怪我の功名。それはすごい。

調査が続いているらしい。

▼▼▼品川宿に「飯盛女」

さてさて栃木さんと別れ、品川宿に行こうと品川駅から京急本線に乗り、一駅目の北品川駅に降りた。品川駅より南にあるのに北品川駅なのはなぜか。

先にも書いた日本初の鉄道の品川駅が、一八七二（明治五）年、品川宿最寄りとはいえ宿より七〇〇メートルばかり北に設置された。京急線は一九〇四（明治三七）年に東京側の起点駅として、同じく品川駅の名で開業。一九二五（大正一四）年、現ＪＲの品川駅横に乗り入れることになった際に、紛らわしいとばかり北品川駅に名称変更されたようだ。もっとも品川宿と一口に言っても、目黒川を挟んで北側が北品川宿、南側が南品川宿と呼ばれ、前者に位置するため、とても正しい駅名なのだ。

閑話休題。その北品川駅から線路を渡った先に、昭和レトロな街路灯が続き、石畳も敷かれ、「町おこし、頑張ってるな」と見てとれる商店街がある。宿場跡が商店街になっているのだ。

地元の生活に根差したような洋品店、飲食店なども多く、ふつうにコンビニもあるが、いい具合に古びた看板が上がった和装店や履物店、金物屋も点々と。歩こうとするや否や、コンビニの前に「土蔵相模《どぞうさがみ》」と書いた案内板が目に止まり、食いつく。

〈食売《めしうり》旅籠屋「相模屋」の俗称で、奥座敷が土蔵造りになっていたことから付けられた名

街道文庫。入口前に立つのは
店主の田中義巳さん

現在の旧品川宿の街並み

飯盛女（歌川豊国（三世）
「品川遊郭内之図」三　東京都立中央図書館所
蔵より）

称である……〉

一八六〇（万延元）年に井伊直弼を襲撃した水戸浪士たちや、一八六二（文久二）年に英国公使館を焼き討ちした高杉晋作、伊藤俊輔（博文）ら長州藩士の集合場所だったという。

それは幕末の立派な歴史舞台だったろうに、一階コンビニ・階上は集合住宅となった現在の姿からは思いを馳せるのは難しい。と思いつつ、私にとっては初見だった「食売旅籠屋」の五文字を頭に刻み、歩を進める。

本陣跡（公園）、舟だまり、江戸三十三観音札所の一心寺。続いて、街道文庫に「こんにちは」する。

街道文庫は、全国の街道に関する本一〇万冊（私の推定）が揃う古本屋で、実は店主の田中義巳さん（七〇歳）と旧知。田中さんは三〇代から「街道を行き交う人、モノ、文化」にのめり込み、関係図書を買いまくってきた。区役所を定年退職した二〇一一年に街道文庫を開いてしまったという酔狂な人だ。広く街道全般を追いかけてきたが、近年は品川宿研究にシフトしたとのこと。

「品川宿は、五街道の中で通行量は断然多かったですが、江戸から出る人は近すぎてまず泊まらない。例えば朝鮮通信使など特別な一行や幕府関係など公用の旅の人たちは、江戸に入る前に体裁を整えるために本陣等に泊まる確率が高いけれど、無料で泊めなければばいけないというルールがあって、お金が落ちない。そんな中で遊興地として機能し、九三軒あった飯盛旅籠が一番力を持っていた。本陣を（経済的に）支えていたんです」

飯盛旅籠とは、飯盛女（女郎）を置くことが公認された旅籠。一軒につき二人、一七六四年以降は全体で五〇〇人が公認されていたというから、大々的だ。

「区は、そんなふうに遊郭的な宿場だったということを表に出さないけど、私は正しく伝えていきたいから、声を大に言ってます。区が唯一、そのことを表に出しているのは、土蔵相模だけですね」と聞いて、先ほど頭に刻んだ食売旅籠＝飯盛旅籠だと合点した。

他に、品川宿独特の問屋場（宿全体の管理者）や徒歩（人足）の話等もわんさか聞き、面白かったのなんのって。いや――田中さん、深いです。

ちなみに、街道文庫は来るたびに、蔵書数が増えている。これでもか、これでもかというくらい増え、店内がぎゅうぎゅう詰めになっていたその日、「これから鈴ヶ森に行くんですが、これという資料ありますか？」と聞くと、すぐさま資料集を貸してくれた。

▼▼▼「鈴ヶ森刑場跡」で見たもの

最後に、再び京急本線に三駅分を乗って、鈴ヶ森刑場跡（南大井）に足を延ばす。江戸の刑場は現荒川区の南千住との二カ所。一六五一（慶安四）年に設けられ、一八七一（明

鈴ヶ森刑場跡

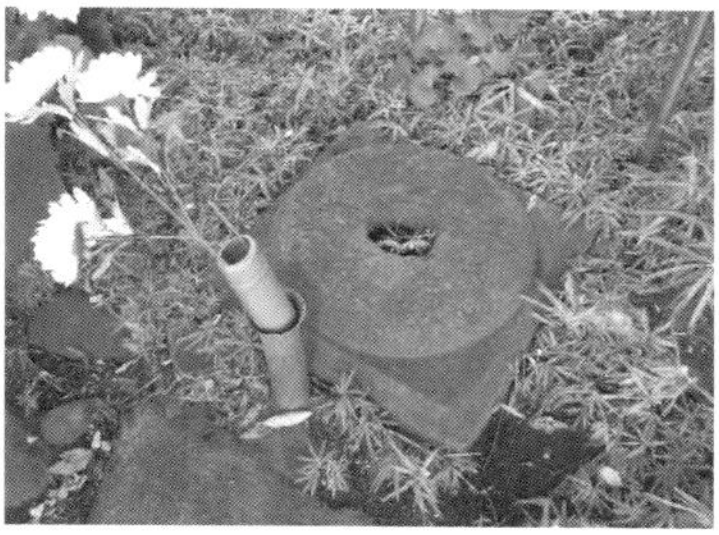
火あぶりの処刑に使われた台座

治四）年に廃止されるまで、有名無名の数多くの人たちが処刑されてきたところだ。

交通量がやたら多い第一京浜沿いの歩道上の樹木がこんもりした一角が跡地だった。まず目に飛び込んだのは、ヒゲのような字体で「南無妙法蓮華経」と彫られた三メートル以上の巨大な供養塔。一六九八（元禄一一）年の建立と伝わるそう。

街道文庫で借りた資料集に、〈事件が迷宮入りしそうなとき、まずまず犯人に仕立て上げられたのは、決まった家を持たない「無宿人」たちでした。無実の罪で殺されていったのです。そういう受刑者が全体の四割ほどもいたといわれています〉と。無茶苦茶だ。

由井正雪の乱に加担した丸橋忠弥が、重度の政治犯として家族共々磔の刑に。恋人に会

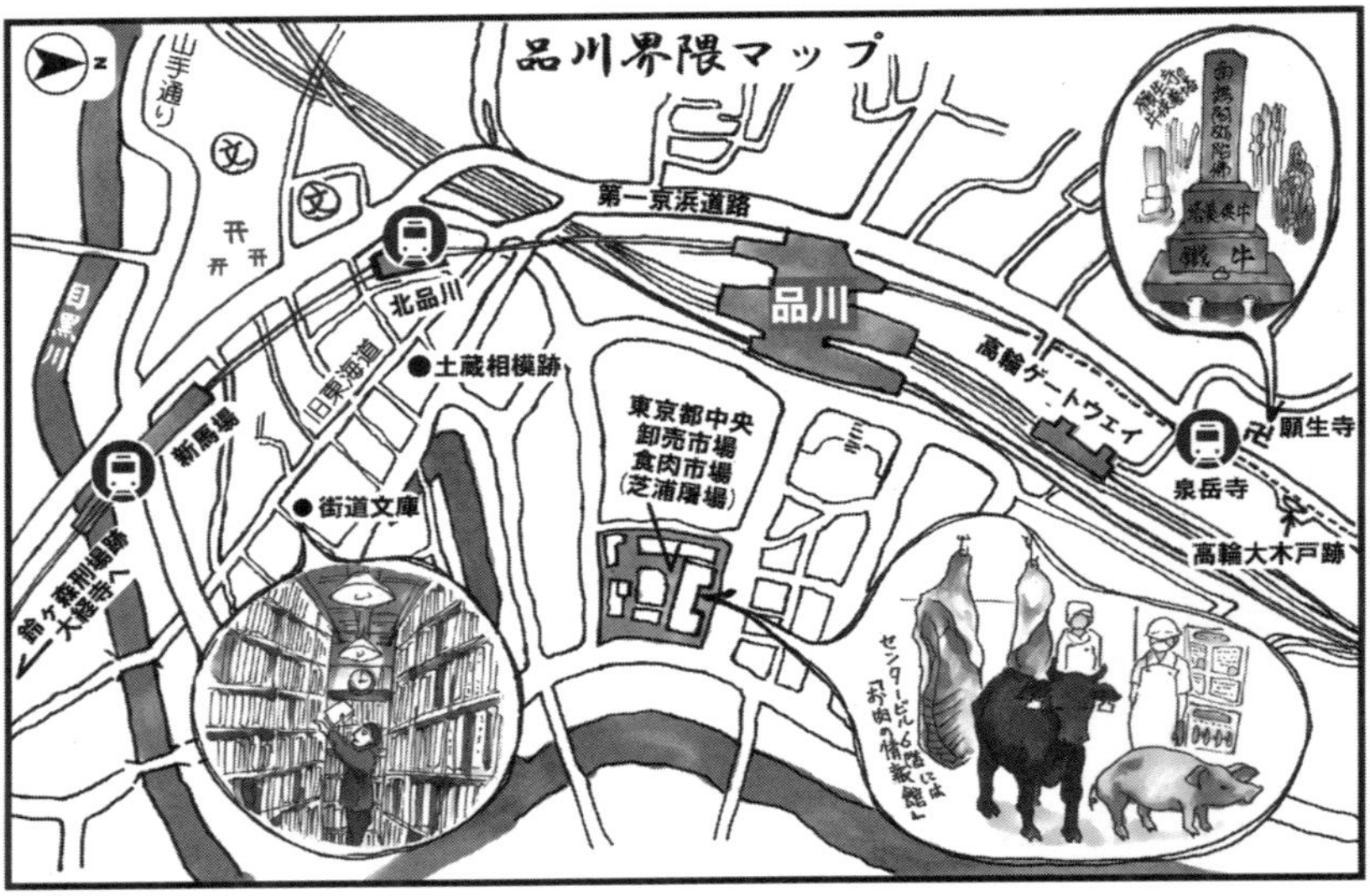

いたい一心で放火事件を起こした八百屋お七が、火あぶりの刑に処された……。おぞましい史実である。誰の手によるものなのか、供養塔に白菊が手向けられているのが救いだ。

敷地内に、丸橋の処刑にも使われたという「磔台《はりつけだい》」と、八百屋お七にも使われたという「火炙台」があり、わけ分からぬまま見ていると、

「磔台に四角い穴が開いているのは、上部に人をくくりつけた角柱を入れるため。火あぶり台に丸い穴が開いているのは、やはり上部に人をくくりつけた鉄柱を入れるためなんですね」

と、作務衣を着て掃除をしてらした人が教示してくれた。刑場跡を管理している大経《だいきょう》寺《じ》（日蓮宗）住職の狩野豊明さんだった。

「残酷ですね」と私。

「ええ。火あぶりは、火を点けるときにすぐに気を失うそうです。でも、熱いから目が開き、また気を失う。繰り返して死んでいくそうです」と狩野住職。

「いたたまれません……」

「しかも、それを往来する人の多い東海道沿いでおこなったのですからねえ」

狩野住職が「もしよかったら、処刑の写真があるので、ご覧になりますか」とおっしゃった。

ぎょっとした。本当に驚いた。固まってしまった。

本堂の壁面に「晒し首」が並ぶ写真が数枚展示されていたのだ。

「幕末頃に来日した外国人が写真機で撮ったものだと聞いています」

すぐ近くに、人の往来があるのも写り込んでいる。そりゃそうだ、東海道なんだから。

「見せしめが犯罪防止につながると思われていたんですからねえ。なんとも」と狩野住職。

本堂を出ると、西の空が黄昏色に染まってきた。「温故知新」という言葉を胸に、この日の散策に終止符を打った。


（二〇二二年三月取材）

郊外篇

羽田・高島平・横田基地

IV

ＧＨＱに接収された漁師町

羽田

四八時間以内の立ち退き命令

まだまだ寒い冬のある日、品川から京急線に乗った。昼間の羽田空港行き急行は、蒲田から各停になる。糀谷《こうじや》、大鳥居、そして三つ目の穴守稲荷駅で降りたのは、「羽田の昔と今を呑み込んでいる」と聞き及んできた穴守稲荷神社へまず行くためだった。

穴守稲荷神社は、戦前、海老取川《えびとりかわ》の東側、現在の羽田空港の敷地内にあった。ところが、一九四五年九月、羽田空港がまるごとＧＨＱに接収された。穴守稲荷神社も移転を余儀なくされ、海老取川の西側に移ってきたのだ。このエリアの接収の目的は、当時の「東京飛行場」を拡張して、ＧＨＱが「Haneda Army Airbase」として使用するためだ。戦中に軍の専用基地になっていた東京飛行場は現在の羽田空港の半分に満たない面積で、あと半分以上が羽田鈴木町、羽田穴守町、羽田江戸見町という三つの町だった。そのなかに農家や漁師の家があり、穴守稲荷神社があった。門前は温泉旅館や料亭が並ぶ遊興地だった。それらもろとも強制退去を強いられた――。そんな経緯があるのだ。

穴守稲荷駅を出るとすぐに赤い鳥居があり、小さな商店街を抜けて、渋い料理屋や素朴なビジネスホテルを横目に参道を一、二分歩くと、もう穴守稲荷神社に着いた。京都の伏見稲荷大社のミニ版といわれる境内の千本鳥居は、このとき改修中で目にすることができなかったのが残念だが、イチョウの古木が聳え、横に伸びる松もいい枝振りをしている。町のなかにしては広い神社だな、という印象だ。参拝したあと、社務所で「略記」のパンフレットをもらって読む。

「大正・昭和を通じて、最も隆昌に至った。参拝者が多く、境内踵《くるぶし》を接するように賑わい、国内はもちろん海外からもやってきた」との旨を読んだ続きで、この記載に目が止まる。ドキリとした。

……敗戦と云う未曾有の大混乱の中、米軍による羽田空港拡張の為、従来の鎮座地（東京国際空港内）より四八時間以内の強制退去を命ぜられた……

えっ？　四八時間以内って？　と。

「そうです。容赦なしの立ち退き。四八時間以内に出ていくように、ということだったら

穴守稲荷神社

しいです」

と話してくれた神職さんが、こう続ける。

「幸い、地元崇敬者の方々が七〇〇坪を寄進されたので、後にここに復興・再建できました。もっとも、大鳥居だけは半世紀以上にわたって平成一一（一九九九）年まで元の位置——羽田空港の駐車場のなかにシンボリックに残されたんです」

あ、その大鳥居の話は聞いたことがある。大鳥居の移転が計画され、工事に踏み切ろうとするたびに飛行機事故が起きたり（一九六六年の全日空便・東京湾で墜落、カナダ航空・着陸失敗など）、工事の場でケガ人がでたりした。祟りではないかと声が上がる。事故とは因果関係がないと割り切れず、動かしづらかった……。

それはともかく、「四八時間以内に出て行け」は無茶苦茶だ。東京飛行場近くの三つの町には、約一二〇〇世帯、約三〇〇〇人が住んでいた。その人たちにも一九四五年九月一三日、問答無用に退去命令がくだったわけだ。立ち退き料は、「荷車代にも満たない額」だったという。当初「二四時間以内」と命じられ、いくらなんでもと町会幹部らが延長を必死に交渉し、「四八時間以内」となったらしい。酷すぎる。

そもそも現在の羽田空港の地は、天正年間（一五七三～一五九三年）に干拓された。開墾時、堤防に穴があき、海水が流入したため、穴の害から人々を守ることを願って祀られたのが、穴守稲荷のはじまり。多摩川の対岸には川崎大師がある。明治後期から、渡し船で二カ所を参拝するのが、爆発的に流行した。富士山も房総半島も都心も一望にできる風光明媚な地だ。門前に旅館や料亭がずらりと並ぶ賑わいは相当だった。「穴」のイメージを女性器に転じさせたのか、花柳界の人たちがこぞって参拝にきた時代もあったが、今は、宝くじや賭け事の「穴」にかけ、「当たりますように」とやってくる向きが多い。神職さんからそんな話も聞き、穴守稲荷神社をあとにした。

▼▼▼空港で働く人の守り神「羽田神社」へ歩く

歩こう。商店街に戻り、京急線の踏切を越える。喫茶店あり、野菜の販売店あり。変哲もない商店街だが、道路の両脇に、鳥居の色に合わせた赤い街灯が並び、その間をつないだロープに万国旗が翻っているのが、さすが羽田だ。ほどなくバス通りに出て、ひとまず西にとる。古そうな建物を無意識のうちに探すが、てんで見当たらない。

「そりゃそうだよ。騒音がひどかったころ、障子やガラス戸がガタガタ、ビリビリ鳴り、話す声も聞こえなかったから。特に弁天橋のほうでは」と話してくれたのは、羽田神社への道を聞いた地元の男性。二〇町会打ち揃って羽田空港の廃止運動をした時期もあった。いわゆる「沖合移転」がなされ、離着陸が海側からになった一九八〇年代までは、「頭上に飛行機を見る」毎日。安普請の建物は騒音・振動が耐えられず、建て替え必至だったと、その男性は言った。

高速道路の高架を越え、車がびゅんびゅん通る産業道路とやらを渡った先に羽田神社があった。その辺りから空港までを氏子とする、羽田の土地の神様だ。

「飛行機が離着陸する町を見守ってくださる」といった思いの地元の人たちのみならず、「飛行機の神様」として広く信仰を集めているという。ずらりとぶらさがる絵馬にマジック書きされた参拝者の願い事を読んで、不謹慎かもしれないがクスッと笑った。

「警視庁航空隊に合格できますように」

「客室乗務員として働くご縁がありますように」

は、まだしも、

「フライトが毎回安全で、無事に終えることができる様にお守りください」

「システム運行　安全祈願」

などと、航空会社名と氏名を記した現役のパイロットの奉納もずいぶん見受けたからだ。工学の最先端にいる人も神頼みをしているのだと。

　境内にある、ちょっとおどろおどろした富士塚には、賽銭がはみだしていた。

大正時代に造られた多摩川の堤防跡

▼▼▼大正時代に造られた赤煉瓦の堤防
——多摩川土手へ

　羽田神社から、南にものの一分も歩くと多摩川の土手に出た。川崎方面とつなぐ大師橋と高速大師橋をくぐるや否や、広々とした水辺の景色に魅了される。滔々《とうとう》と流れる多摩川、冬枯れの河川敷、あちら側の工場群。全身に受ける朔風もまた心地いい。青い空と白い雲を仰ぎつつ深呼吸すると、ほんの少し潮の香りがした。東京湾の河口が近い。

　年季の入った赤煉瓦の壁の連なりを発見した。かつての多摩川は、かなりの暴れ川で、洪水を度々起こした。

一九一八（大正七）年から行われた河川改修工事で築かれた堤防の名残だそうだ。その赤煉瓦に沿って歩を進める。

どうやらこの辺りは、ウォーキングやジョギング、ストレッチのメッカらしい。それも、ご年配男性たちの。下流または上流から現れ、立ち止まって、川を見ながらストレッチをして、またゆるりと走り去っていく。そんな御仁がなんと多いことか。

▼▼▼威嚇射撃と爆弾で追い出されたとは……

お一人に、「この辺りの方ですか?」と声をかける。

「そうですよ」だったので、軽く自己紹介してから、「昔、今の羽田空港のところに住んでいた人たちが、戦後、強制退去させられたんですって?」と持ちかけると、

「そう。（戦争に）負けて、進駐軍が入ってくるから、早く疎開したほうがいいよと言われていた矢先、『四八時間で出て行け』となったんですよ」とずばり。

驚いた。偶然にも、現羽田空港のエリアにもともと家があり、追い出された当事者――約三〇〇〇人のうちの一人だったのだ。杉本英男さんとおっしゃる。一九四二年生まれだから、当時三歳だ。自身の記憶はかすかでも、のちに親たちから繰り返し語られ、大きな記憶になると想像に難くない。

四八時間以内に強制退去を命じられた現羽田空港の地は、家財道具を運び出そうとリヤカーを引く者たちでごった返す。船で出ようとする者もいて、あれもこれもと積み込んでいるうちに干潮になり、離岸できなくなる。すると「威嚇銃が撃たれた」のだという。酷《むご》い。母に連れられ、杉本さんは期限ぎりぎりに退去した。

「危なかった。あの明くる日、（自分たちが住んでいたところに）爆弾を落とされたんですよ。うち、もう一日出るのが遅れちゃってたら、僕はこの世にいなかったの。この話、お袋から何度聞かされたことか……」

戦争が終わっているのに、爆弾が投下されたなんて無茶苦茶だ。

戦争中、南方に行っていた杉本さんの父は、まだ帰ってきていない。杉本さん母子は、遠縁を頼って遠く茨城県利根《とね》川近くの親戚の家へ疎開した。やがて父が復員してきた。一家で東京に戻ってくることができたのは、七、八年経ってからだったという。

別荘を持っているような金持ちならいざ知らず、三つの町のほぼ全ての住民は一介の漁師だ。移転先のあてなどあろうはずもない。でも、どこかへ行かなければ。とるものもとりあえず家財道具を運ぶ。弁天橋（海老取川をまたぐ当時唯一の橋）を渡って、焼け野原となっていたこちら側の空き地や道路にひとまず置き、空き地の権利者に住まわせてくれと交渉する。バラックを建てて住み着いた。しかし、杉本さんの家のように大黒柱が戦争から戻らず、女子どもだけで着の身着のまま羽田の地を出て行かざるを得ない——そんな家族も少なくなかったのだ。

▼▼▼闊歩する米兵と立ち並ぶバラック住宅

思いがけず、立ち話で貴重なリアル証言を得た。と思いきや、「江戸の風物詩」と看板があがっていた屋形船・釣り船の店「かめだや」の主が紹介してくれ、すぐ近くに住む石井五六さん（一九二六年生まれ）にもお会いでき、さらに、「接収されたのは、今の羽田空港のところだけではないですよ。一カ月遅れで、今、萩中公園になっているところも急遽接収されました」と聞く。

萩中公園は、産業道路の西側に広がる。ＧＨＱは、空港エリアを接収した後、約八〇〇メートル二本だった滑走路を約二〇〇〇メートル二本に大拡張する工事を急いだ。それには、建設資材置き場も米兵のキャンプ地も必要だ。現在の萩中公園とその周辺の土地約八万坪を接収し、有刺鉄線で囲んだという。

「空港の拡張工事は一年で完了し、萩中公園とその周辺は一年で接収解除になりました。あまり知られていませんが、この辺りは、（キャンプ・建設資材置き場と空港を行き来する）ジープがじゃんじゃん通りましてね」と石井さん。

焼け野原に、急ごしらえのバラック住宅が点々と建つ地域に、米兵たちが我が物顔に降り立つ。治外法権のごとくになる……。こういった事態について、四半世紀前、大阪府豊中市の元市議会議員・飯田しづえさん（一九〇九～二〇〇三年）を取材した際に聞いた話が思い出される。伊丹《いたみ》空港（大阪府・兵庫県）も接収されたが、空港近辺の治外法権化が甚だしかった。土足で一般民家に上がり込み、女性を強姦する米兵が絶えず、泣き寝入りするしかなかったと。同様のことが羽田空港近辺で起きなかったとは考えにくい。

▼▼▼漁業は高度経済成長期に終焉を迎えた

もう一つ、石井さんが教えてくれたのは、漁業について。

淡水と海水が入り混じる羽田沖は、古くから魚介類の宝庫である。現羽田空港の地から強制退去で移ってきた漁師たちを交え、海老取川以西の漁村の規模が膨れ上がった。

「戦後、失業者があふれたでしょう？　魚を獲ったら、とりあえず食えるからと、羽田に流れてくる人も、結構いましたねえ。農地開放と同じＧＨＱの民主化政策で漁業法が改正され、誰でも（漁師になれて）協同組合に入れることになりましたし」

アナゴ漁やアサリ採りも盛んだったが、羽田で多かったのは、海苔養殖。海中に網ヒビ（柵囲い）を建てて九月頃に種付けをし、一一月の終わりに採り始め、海苔製造が三月頃まで続けられる。石井さんの記憶によると、最盛時、海苔養殖業者は三〇〇〇人ほどいた。

羽田の大きな産業だった。

ところが戦後一〇年余りを経て、やがて高度経済成長が進むにつれ、東京湾の汚染が進む。羽田の漁業が終焉を迎えるのは、結果としてその時期とほぼ符合するのである。

「昭和三九（一九六四）年の東京オリンピックに向けての湾岸整備で、昭和三七（一九六二）年一〇月に羽田の漁師は全員、漁業権を放棄しました」と、石井さん。海とともにあった長年の羽田の人たちの暮らしが、こうして終わる。

実は、石井さん自身が、戦後すぐから漁業権放棄のときまで、海苔養殖業者だった。組合の理事も務めた。羽田空港の全面移転を目指した過激な住民運動や、世代によってわかれた漁業権放棄に対する考え方、とりまとめについても、それだけで一冊の本が書けるほど、るる綿々聞いた。

▼▼▼無縁仏堂と大鳥居

杉本さんと山本さんの話を頭のなかで反芻し、水門、船の係留所、羽田の渡しの碑などに足をとめながら多摩川の土手を下流へと進む。

海老取川が合流する地点の近くまで来ると、堤防から突き出たところ——五十間鼻《ごじゅっけんばな》に小さなお社が鎮座していた。「無縁仏堂」とある。この辺りにはかつて、多摩川の水難者、

羽田海苔干し場・工場地帯（1956 年、大田区提供）

多摩川沿いから臨む羽田空港

空港敷地内から移転した大鳥居

関東大震災や東京大空襲の犠牲者の遺体が漂着したのだという。それらの人たちの追善供養のお堂だった。手を合わせると、ふいに心配になった。七五年前、強制退去のときの威嚇射撃、のちの爆弾による死者が出て、まさか「無縁仏」とされていないだろうかと勝手な心配である。いやいや、考えすぎでありますように。付近には、のんびりと釣りをしている人たちがいた。

海老取川にかかる弁天橋を渡ると、羽田空港の敷地だ。駐機する飛行機やターミナルビル、管制塔などを遠望できる。渡ってすぐの右の端に、大きな朱色の鳥居がすっくと立っていた。接収後、一九九九年までずっと空港に残されていた穴守稲荷神社のあの大鳥居である。私は、妙だが「やっと会えた」の心境だ。

〈……昭和五九年に着手された東京国際空港沖合展開事業により、滑走路や旅客ターミナルビル等の空港施設が沖合地区に移築され、大鳥居も新B滑走路の整備の障害となることから、撤去を余儀なくされることとなりました……〉

案内板にこんな文言があり、つまり再び邪魔になったからここに移転させたと言いたいの？　と毒づいたりなんかして。

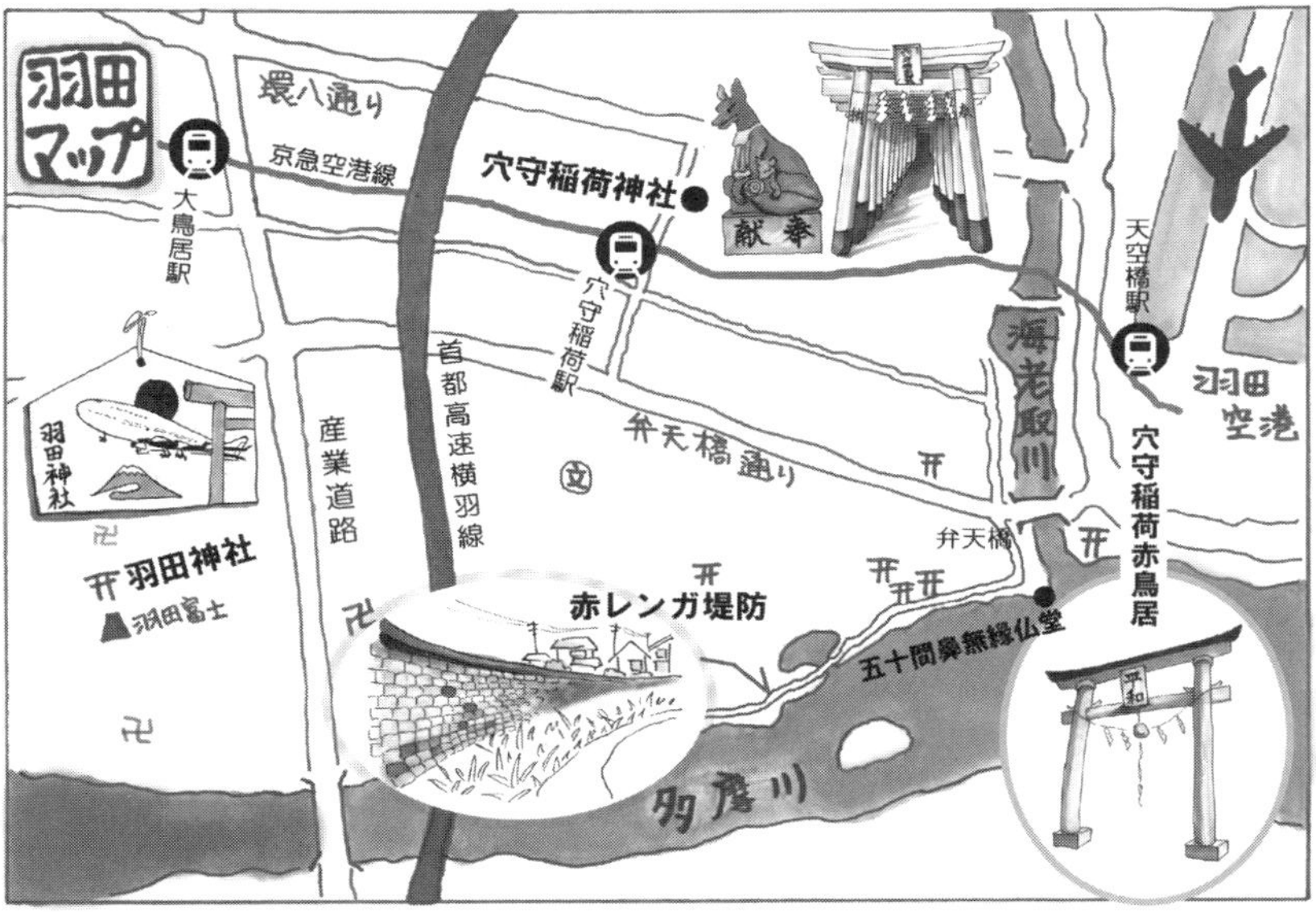

戦後は終わったのか？
——空港の返還と羽田闘争

空港の接収が解除され、日本に返還されたのは、サンフランシスコ講和条約が発効した一九五二年。

ようやく羽田空港の「戦後」が終わったのか。いや、以後も一九五八年まで日米共同管制が続いたばかりか、今なお「横田空域」（横田進入管制区）が存在しつづけているではないか。東京はおろか、新潟、静岡など一都九県の上空（最低で高度二四五〇メートル、最高七〇〇〇メートルまで）を米軍が管理下に置いており、日本の飛行機は許可なしに飛べない。私がその詳細を知ったのは、三月二九日から運用が始まる羽田空港の新飛行ルート関連のニュースからで、新飛行ルートは横田空域の一部を通過することになるらしい。複雑だ。

つらつら考えながら弁天橋に戻った。そこは、一九六七年一〇月と一一月の羽田闘争の激戦地だったところだ。しかし、そういった説明板はどこにも見当たらない。アメリカのベトナム政策に加担する佐藤栄作首相の南ベトナムを含む東南アジア各国訪問を阻止するため、新左翼の学生や労働者約二〇〇〇人が機動隊と激しく衝突した。多数のけが人が出た上、京大生山崎博昭さんが弁天橋の上で死んだ——と、私は書物から知ったまでだったが、後に映画『きみが死んだあとで』（代島治彦監督）を観ることにもなる。

（二〇二〇年一月取材）

人口問題を一〇年先取りした〝夢の団地〟

高島平

一一～一四階建て六四棟

大手町から乗り換えなしで三二分、山手線巣鴨《すがも》駅からなら一九分だから、都営三田線の高島平駅はずいぶん便利だ。その高島平駅の南側すぐ前から、徒歩一五分くらいまでの約一〇〇万坪に広がっているのが、誕生からまもなく五〇年を迎える高島平団地。駅の西口に直結する歩道橋を上がり、広々とした高島通りを渡る。

最初に行った日、銀杏《ぎんなん》並木が続く高島通りの美しさと、並び立つ高層の無機質な建物群が迫ってくる異様さに圧倒された。戸建ては一軒もなく、一一～一四階建て（一部に五階建て）が全六四棟。分譲住宅一八八三戸と賃貸住宅八二八七戸、合計一万一七〇戸に、今は約一万六〇〇〇人が暮らしている。

歩道橋を渡り切ると、高層建物の二階につながるが、その日は閑散としていた。右手に東急ストア、左手にモスバーガー、「合鍵作ります」の店、美容室、介護ステーション。そしてシャッター……。一階に降りると、ザル盛りの黄色いみかんがずらりの八百屋さんとピーコックストアが賑々しくて、ちょっとホッとした。しかし、お年寄りが多いなあ。

〈高島平団地　UR賃貸住宅　礼金ナシ　仲介手数料ナシ　保証人ナシ　更新料ナシ〉

そんな看板に導かれて、まずURショップを訪ねた。

ネットに、高島平団地内の賃貸住宅の約七〇軒が空いていると出ていた日だった。間取りは1DKから3DKまで。

「空いているお部屋をご覧になりたいんですね？　はい、大丈夫ですよ」

と、窓口の女性は慣れた応対だ。浮き草暮らしの私は、取材とはいえあわよくばマジで部屋探しを、の気持ちだった。

「2DKを見せてください」

「では、通常の部屋と、MUJI（無印良品）の部屋の両方をご覧になりますか」

「はい、お願いします」

窓口の人が、二室の間取り図をさくさくとプリントアウトしてくれ、それを持って「管理サービス事務所」へ。そこで、こちらの身分を明らかにしたら、さっそく二室の鍵を渡される。一人で見に行くシステムだそう。

▼▼▼経年劣化と改装と

一室は、駅に最も近い棟の一二階。四六平米、九万八五〇〇円。オートロックでないので、誰でも棟のなかに入れる。大量のメールボックスが並ぶ玄関ホールは余裕の広さだが、何しろ築四八年だ。経年劣化とはこのことだといった錆びや黒ずみ、汚れが目立ち、一二階に降りると、その感がさらに大きくなった。

通路が一直線に続き、等間隔に玄関ドア。特記すべきは通路の開放部に鉄のフェンスが張り巡らされていることだ。有名な自殺防止の柵だとピンとくる。カゴの鳥になった気分だ。

さて、目的の部屋は白壁にベージュのフローリング。一所懸命に改装したと思われる痕跡が随所に見てとれた。台所にも新しそうなシステムキッチンが設えられている。いいんじゃない？

古い浴槽が据えられたお風呂が狭く、押入れも古めかしいが、ベランダからの眺めがいい。向かいの棟まで十分な距離があり、緑の木々が見下ろせる。しかし通路に戻ると、経年劣化の様がやはり痛い。

降りるエレベーターを待っているときに出会った住人の女性（五六歳）に、「部屋を見

高島平団地の景観（上、左とも）

MUJI リノベーションの 2DK の部屋

に来たんですが、ここは暮らしやすいですか」と聞いてみる。

「ま〜ね」

その人は、板橋区内の分譲マンションに住んでいたが、「簡単に言えば主人が事業に失敗しちゃった」ために手放し、四年ほど前にやむなく夫婦で越してきたという。

「限られた予算で、何を諦め、何を諦めないかということ。私たちは（建物の）古さを諦め、広さと交通の便を諦めなかった。ここはスーパーもクリニックもあって、緑も多いし、まあそれなりに満足していますよ」

なるほど。

「ただ」と言ってから、一呼吸おき、「ここ住むのはカケみたいなもんですね」とおっしゃる。はい？

「上下左右にどんな人が住んでいるか、個人情報云々でURは教えてくれないから、住むまで分からない。いや、住んでも分からないんですよ。うちの両隣にはヘルパーさんが時々来られていて、たぶんもう外に出られなくなっているお年寄り。夜、壁の向こうで亡くなっているんじゃないかと不気味になる。上は夜遅くまで足音が響く人たち。ま、我慢しなくちゃね」と小さく笑った。

もう一室は、団地の中ほどの棟の四階。四六平米、九万一〇〇〇円。一二・五畳のリビングダイニングがずどんと広い、「ＭＵＪＩ×ＵＲ 団地リノベーションプロジェクト」

とやらの部屋で、白ずくめの調度や正方形の琉球畳が配され、「見える収納を」とばかり、壁の上部に棚がつづいている。ギャラリーのように見えた。無印良品の白く重厚なテーブルも備えつけられている。おしゃれすぎて私は落ち着かなかったが、こうした部屋志向の人も多いのだろう。

鍵を返しに管理サービス事務所に戻る。「刻々（物件が）埋まっていきますから、今日の部屋が明日来るともうないということもありますのでご注意ください」と言われた。同じ広さ、間取りでも、駅からの距離や階数、改装の具合によって家賃はまちまちだとも。古さと広さを鑑みると、家賃が安いのか高いのか、正直よく分からないなと思った。

▼▼▼住宅不足解消のための日本住宅公団

高島平団地は一九七二年に誕生した。

江戸時代は、荒川流域の河川敷で葦《よし》やススキの生い茂った地。ペリーが来日した頃、ここで西洋砲術の実射演習を行った砲術家、高島秋帆の名からつけられた地名だという。明治以降、水田地帯となっていたが、度重なる洪水や干ばつで、農家泣かせの地だったため、「農地を買い上げ、区画整理をして、新しい町をつくる」好適地と目された。

一九五五年に日本住宅公団（UR＝都市再生機構の前身）ができたのは、住宅不足の解消のためだ。都市へ移り住む人たちが多かったことも一因だ。総理府（現在の内閣府）住宅統計調査によると、当時の住宅は、一人当たりの畳数二・五畳未満が四割にのぼった。

風呂なしで六畳一間などの木造長屋や木賃アパートも当たり前の時代にあって、住宅公団が提供した住宅は鉄筋コンクリート造りで、食事室と寝室を分離した1K、1DK、2DK、3K、3DKなどのDKスタイル。内風呂つきで、流し台はステンレス、トイレは水洗とのことで、私がふと思い出すのは、洋式トイレを初めて見た六〇年代半ば、小学生のときのこと。奈良市の紀寺《きでら》団地に住んでいた友達の家で、使い方がさっぱり分からなかった覚えがある。

公団の第一号は大阪府堺市の金岡住宅、高層団地の第一号は東京都中央区晴海《はるみ》の晴海団地だが、大規模かつ高層のものは高島平団地が最初。前年の七一年に四七階建ての京王プラザホテルが開業して話題をさらったが、一〇階を超す住宅建物は珍しく、高島平団地は時代の先端をいく、庶民の憧れの的だったのだ。当初は五階建て程度の建物を中心に、五〇〇〇戸弱を造ろうという計画だったが、住宅不足が深刻化して、一気に二倍の一万戸に変更されたという。同じ土地に、当初予定の倍以上の戸数を造るには、上にのばそうということになったわけだ。

▼▼▼当選率二一倍の部屋も

「田んぼしかなかった場所に団地計画を中心とした新しい町づくりがスタート。道路整備、学校や病院なども建設され、それまで例のない東洋一の規模で、突貫工事をして二年三カ月の工期で造られました」

と話すのは、タブロイド版のタウン紙、高島平新聞の現会長、村中義雄さんだ。自身も一九七二年三月に入居した。何しろ、いっきに町ができた。人のつながりがない上に、どこに何を売っているかさえも分からないといった新設団地の不便さを目の当たりにし、「ハードを公団が造ったのなら、ソフトは私がつくる」と立ち上がった。今も続く高島平新聞を同七二年五月から発行し続けている人だ。

「当初、入居条件の一つに『世帯入居』が挙げられ、二人以上で住むことが必須だったため、約一万戸の住宅がすぐに二万人以上となった。主に団塊の世代の新婚夫婦。一年間で『母子健康手帳』が保健所から二〇〇〇冊以上、発行されたと言われています。どんどん子どもが生まれ、三年後には住民人口が三万人を超えました」

そう。新しいものに飛びつくのは、いつの時代も若い世代だ。抽選の倍率が二一倍に達した部屋もあったらしい。

「高島平新聞」創刊号

まさに「夢の高島平団地」。家賃は３ＤＫが三万七〇〇〇円前後だったので、２ＤＫなら約三万円、１ＤＫなら二万円台だったろうと思われる。七二年は、大卒の銀行初任給が五万二〇〇〇円（『続続　値段の明治大正昭和風俗史』より）。公団はミドル層の入居を想定したが、実際の入居者の平均年齢が二五歳だったというから驚きだ。七二年の平均初婚年齢がなんと二四・二歳（厚労省「出生に関する統計」より）。高い家賃を払うには、共働きが必要となる。団地内に一〇〇人規模の区立保育園が三園開かれたが、すぐに定員に達し、保育所不足を訴える住民運動が起こり、自主共同保育が一七年にわたって続いたとか。

「景気が良くなろうとしていた時代です」と村中さん。高島平新聞は地域の店などからの広告収入で運営し、全戸に無料配布。店の情報も、家賃問題、保育所問題など地域の問題も取り上げ、住民になくてはならない媒体になるまで時間はかからなかった。ちなみに、団地誕生から七年目の一九七八年四月、高島平第二小学校の新一年生は四五二人、一一クラス。そうした記事も紙面を飾った。

「皮肉な物言いになりますが、ジェンダー論的に言うと、男性は都心に出て賃労働、女性は子育てや家事といったアンペイドワークとパート労働。団地は近代の性別役割分業を前提にした建物なのではないでしょうか」

東日本部落解放研究所理事長の井桁碧《いげたみどり》さんの指摘はもっともだ。だが、あとで会った団地居住歴四三年の女性（七七歳）は、「保育園の保護者会活動も子供会活動も盛んで、母親同士アイデアを出し合ってお祭りをやったり、プールの監視役をしたり。団地の子育ては楽しかったわ」と屈託がなかった。

▼▼▼「にわかづくりの町は、にわかに姿が変わる」

高島平団地を語るのに、避けて通れないのが、「自殺の名所」となったことだ。団地開設間もない七二年六月に一人目の飛び降り自殺があったのを皮切りに、わざわざ遠方から団地に飛び降りに来る人も増えた。それをテレビや新聞が盛んに報じるため、さらに増えるという悪循環が続いた。

「多いときは、年間五〇人ほどでしたから、毎週誰かが飛び降りていた感じです。住民は犠牲になる可能性もあり、迷惑以外の何者でもありませんでしたが、どうしようもなかった。商店街の主催で神主さんを呼んでお祓いをしてもらったりもしました」（村中さん）

七八年に屋上を閉鎖したが、今度は廊下や非常階段から飛び降りるなど自殺者は減らなかった。住民有志がパトロール隊を組織し、巡回。行政、学者を交えた対策会議が設けられ、物理的に飛び降りができないように、三階以上の通路や非常階段などの開口部にフェンスがつけられたのは八一年のことだ。その後、マスコミを通して、「高島平では自殺ができない」と全国にPRもした。こうした取り組みの効果もあって、高島平団地での自殺者は徐々に減ったという。

「その話を今、ひっくり返しても仕方ないじゃないですか」と村中さん。あ、はい、そうですね。

閑話休題。近年顕著になっている事柄に、「高齢化」「少子化」「外国人住人の増加」があるとのこと。「高島平団地は日本の人口問題の一〇年先取りをしていると言えます」と村中さんが話す。

団地の人口は、八八、九年頃から減少に転じた。出生が減り、団地からマンションや戸建て住宅へ転居する世帯が続出したためでもあるが、最大の理由は、団地入居後などに生まれた大勢の子どもたちが、やがて成人、独立、転出していったことだ。残った「親」たちが高齢化の道を歩み始めるのは自明の理。一般マンションよりも入居のハードルの低い空き部屋を、ニューカマーの外国人が注目し、越してくるのも宜《むべ》なるかな、である。

子ども人口が減ると、小児科、子ども服屋、おもちゃ屋、お稽古事の教室などが閉鎖を余儀なくされる。高齢者が増えると、整骨院や整形外科、介護ステーションなどが必要とされる。

「町の姿が変わらざるを得ないんですね。にわかづくりの町は、にわかに姿が変わる」と村中さんが言った。

もっとも、今回、村中さんに話を聞いた場所は、高島平新聞関連の高島平ルネッサンス合同会社が運営する「コミュニティーカフェ・高島平駅前」だ。利用したテーブルが真四角だったのは麻雀卓だったからで、ここで「(タバコを)吸わない・賭けない・(酒を)飲まない」の健康麻雀が行われているのだそう。取材中、向こうの席では、外国人住民を講師に英会話教室が開かれ、多くの年配者が参加していた。

「サークルする者、この指止まれ」的な方式で、長きにわたって高島平新聞は地域活動をバックアップしてきた。コミュニティーカフェでの教室は、ほんの一例だと聞き、「にわかづくりの町は、にわかに姿が変わる」とはいえ、「先」を読みつつ、良き形で姿を変えてきている面も大きいのだ。

▼▼▼団地再生型・サ高住の試み

後日、団地内を隅から隅まで歩いてみた。最初に来た日、無機質・異様にしか見えなかった高層建物だが、晩秋の陽に照らされ、美しく眼に映るのは、村中さんの話が心に響いたからだろうか。

かつて住民であふれかえったに違いない広場に人影はまばら。芝生の上のベンチに、お年寄りがのたりとしている。手押し車を押して、のろのろと歩く人もいる。サッカーボールを蹴る子どもたちや、遊具で遊ぶ幼い子たちがいる光景もあった。

「あの～、『ゆいま～る高島平』の事務所は、こちら方向でいいんでしょうか」

黄葉する銀杏並木の小道で、私が一人の女性（七〇代）にそう尋ねると、体を後ろに反らせて指差し、「この先の道路を渡った左手の棟のなかにあったと思いますよ、確か」と教えてくれ、「ごめんなさいね、あやふやな案内で」とおっしゃる。私は彼女が白杖をお持ちだと気づかずに尋ねていたのだった。

「私？　あなたが目の前にいらっしゃるのがぼんやりと分かる程度。二、三年前からの中途視覚障害者です。この道は特に歩きやすし、見えなくても見えるから、午前と午後の二回、毎日お散歩しているんですよ」

三〇年前、抽選二五回目にしてようやく当選し、民間マンションから１ＤＫに移り住んだ。「お友達も住んでいたし、女ひとり、ちゃんとお家賃を払っていたら団地は追い出されることがないですからね」。事務職だった港区の会社を定年後、趣味のコーラスを楽しんでいたが、「視力がだんだんと……」と。暮らし周りをコーラス仲間らが手伝いに来てくれ、一人暮らしを続けているとのことだった。

サービスつき高齢者住宅

さて、彼女に教えられたとおりに進んで、「ゆいま～る高島平」の事務所へ行った。「ゆいま～る」は、株式会社コミュニティネット（本社・新宿区）が運営する高齢者向け住宅だ。神戸市郊外や栃木県那須《なす》などに施設を新築し、サ高住（サービス付き高齢者住宅）を運営してきたが、「団地再生型」「分散型」をここ高島平で展開していた。

「高島平団地の既存住宅の空室四五室を弊社が借り受け、バリアフリー改修し、サ高住として提供しているんです」

急に訪ねたが、ハウス長の安東健雄さんが快く応じてくれた。

一棟まるごと高齢者向けの住宅と違って、隣室には子育て中の一般家庭が生活しているような、地域に溶け込んだ環境で暮らせるのが「ゆいま～る高島平」の特徴。住宅タイプは、１ＤＫ、１ＬＤＫ、２ＤＫなど。

セコムを通しての毎日の安否確認と、「電球を変えて」から「スマホの使い方を教えて」まで日常の細かな困りごとをスタッフが飛んできてサポートしてくれるサービスがついているそうだ。

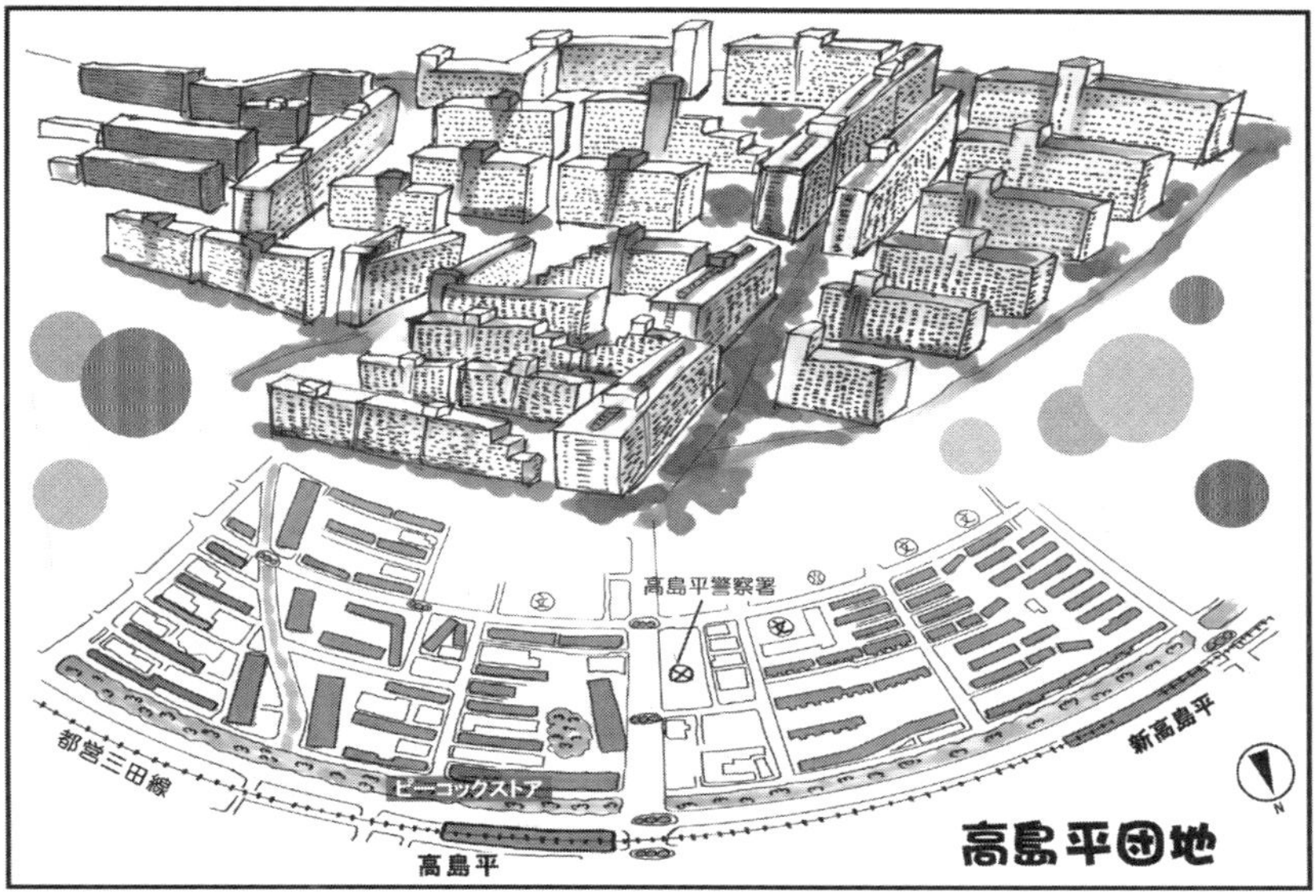

「お家賃は？」とつい。

「リフォーム後の家賃に、一人入居なら三万六六六〇円、二人入居なら五万五〇〇〇円の生活支援サービス費がプラスされた額です」

空き部屋を見せてもらうと、玄関や室内の通路幅が確保され、車椅子でも大丈夫そう。風呂に浴室暖房が設置されているなど、確かに高齢者への配慮が行き届いている。

定年後、川口市にマンションを買い、住んでいたが、「こっちのほうが理想郷かも」とゆいま～る高島平に越してきて六年という女性（六〇代）が、「実は、若いときから、女ひとりの住まい方に関心があって、コミュニティネットの活動に参加していたんです。高島平は、電車に乗らなくても、商店街、スーパー、病院、図書館など生活インフラが揃っていて便利。生活支援つきで、普通に都心で暮らせるのがいいですね」と語ってくれた。

ことほどさように、目下の高島平団地は多種多様。一〇年後、二〇年後はどんな姿を見せるのだろう――と思いながら、夕刻、駅に戻る。その間に、よちよち歩きの子どもと手をつないだ中国人っぽいファミリー二組とすれ違った。

（二〇二〇年一一月取材）

シュプレヒコールが聞こえる

横田基地

東京にオスプレイがやってきて―ゲート前抗議行動

一〇月一日、午前一一時、横田基地第二ゲート前（福生市《ふっさ》）。四車線の国道一六号線を挟んだ信号手前の歩道に三々五々と集まって来た人たちが、二五人になった。


〈墜落事故をくり返す　オスプレイくるな〉

〈米軍横田基地撤去、オスプレイ配備反対　No base No Osprey〉

〈U.S.A.F. LEAVE〉

〈怒　三年目、もう我慢しない!!　NO!!　OSPREY 私を標的にしないで!!〉

などと色とりどりの文字で書いた幟や横断幕を持つ人たちあり。

〈静かな夜と空を返せ！〉

〈オスプレイNG〉

〈日本のどこにもオスプレイいらない!!〉

プラカードやゼッケンで意思表明する人たちあり。年配者が多いが、若い人もちらほら混じっている。「横田・基地被害をなくす会」「横田基地の撤去を求める西多摩の会」「第9次横田基地公害訴訟原告団」など市民団体のメンバーや住民らによるスタンディング抗議行動だ。毎月一日に行っているなか、横田基地にオスプレイが正式配備されて丸二年のこの日、普段より多く集まったらしい。

沖縄みたい、と思った。普天間や辺野古の基地反対運動は報道で目にしてきたが、ここ横田基地でのことは寡聞にして知らなかった。

マイクが回される。

「私も福生の市街地に住んでいますが、オスプレイは基地周辺の低空を飛行しています。床がブルブル震えてくるのを体験しています。多くの人が低周波を浴び、悩まされています」

「部品の落下事故が、現実に起きています。そして、パラシュート訓練が行われているのが圧倒的に住宅街です。米軍基地がいかに私たちの生活を脅かしているか。米軍は、いつ事故が起きてもおかしくないような、すぐに戦場で活かすことができる訓練を繰り返しています。住民の安全を考えない姿勢は許せない」

「オスプレイが移動するとき、防音工事で密封された私の住むマンションでも窓ガラスが

第二ゲート前で

ビシビシ揺れます。木造住宅では、近くで地震が発生したかのような凄まじさです。私たちは決して無理な要求をしているわけではありません。当たり前に暮らせる生活を取り戻したいのです」

口々に、オスプレイの騒音被害や部品の落下などの事故への抗議が続く。

ずいぶんきているな、と包囲している警察官の数を数えたところ、二一人だった。みなさん、一様に大きく胸を張り、肩幅程度に足を広げて立っている。マスク着用だが、無表情を装っていると読み取れるような目つきだ、と思った。

冒頭にも書いたが、この抗議行動が行われている場所は横田基地のゲートのすぐ前ではなく、国道を挟んだ対面だ。私は、ゲート側から写真を撮りたくて、青信号の横断歩道を渡ろうとしたら、ひときわ体の大きい警察官に、

「ダメです。そこ通行禁止です」と両手を広げて阻止された。

「えっ？　なぜですか」

「抗議（活動）の対策で、申し訳ないですが渡らせないことになっています」

「は？」

「安全を守るためです」

「は〜？　横断歩道を青で渡るのがなぜ危険なんですか？」

「ゲート側は基地の土地ですから入れません」

「は？　基地に入るなんて言ってないじゃないですか。公道でしょ？　向こう側の歩道まで渡るだけですよ」


嚙み合わない押し問答の末、ゲート前の歩道の直前までなら行って良いということになり、私は横断歩道を渡った。しかし、曰く「安全のために」警官二人が私の両脇についてきた。その後、スタンディングしておられたうちの三人も、二回にわたって私同様に横断歩道を渡った。そのたびに警察官がついていった——。とても妙な、そんな一幕、二幕もあった。

▼▼▼砂川闘争と横田基地——東京の米軍基地をめぐって

横田基地は、一九四〇年に立川《たちかわ》飛行場の付属施設として開設された「多摩飛行場」が前身。敗戦直後の一九四五年九月六日に米軍に接収され、翌四六年に横田基地と命名された。福生市、立川市、昭島《あきしま》市、武蔵村山市、羽村市、瑞穂町の五市一町にまたがり、基地の総面積は約七平方キロ（南北約四・五キロ、東西約二・九キロ、周囲約一四キロ）。どの市町の名でもなく、横田基地という名前なのは、四四年に旧アメリカ陸軍地図局が作成した地図『JAPANESE AIRFIELDS』に記された、飛行場に最も近い大字（現在の武蔵村山市内）の名が「YOKOTA」だったためらしい。

接収時の面積約四五〇万平米から、どんどん拡張された。近隣の個人の土地を東京調達局（のちの東京防衛施設局）が強制的に買収して米軍に提供する、という形で。

拡張の反対運動として有名なのが、横田基地の「隣」だったといえる立川基地における砂川闘争、砂川事件だ。

立川基地では、一九五五年、滑走路拡張のため北に約五〇〇メートルの砂川町エリアまで拡張すると決定され、その強制測量をきっかけに砂川闘争が展開された。

地元地権者はもとより、支援する労働組合、全学連も数万人規模でデモに参加。測量は阻止されたが、五七年七月にデモ隊が立ち入り禁止エリアに侵入したとして、七人が安保条約に基づく刑事特別法違反の罪に問われ、起訴される。第一審では米軍の駐留が憲法九条に違反するとして無罪になった。ところが、検察側が跳躍上告。最高裁がこれを覆し、地方裁判所に差し戻し。罰金二〇〇〇円の判決がくだった。これが砂川事件と呼ばれる。

この砂川闘争・砂川事件は、実は横田基地と無関係でない。最初の拡張要求から十余年を経て、拡張予定地の約九〇パーセントの土地買収が完了されていた立川基地が、七七年に閉鎖となり、全面返還される。そして立川基地にあった空軍病院、陸軍死体処理場など主要施設が、横田基地に移駐されたからだ。

▼▼▼在日米軍基地を統括する司令部

別の日、横田・基地被害をなくす会副代表、第9次横田基地公害訴訟原告団団長の福本道夫さん（七〇歳）に、横田基地周辺を案内してもらった。

待ち合わせのJR青梅線昭島駅で、福本さんの車を待っているとき、さっそく飛行機音の洗礼を受け、私は「わっ、喧しい」と思った。しかし、周りの人たちは慣れている。

「ま、これしき、普通ですね」（三〇代、女性）

「話、聞こえるから大丈夫」（四〇代、男性）

とおっしゃる。

福本さんに資料をもらって最初に驚いたのは、在日米軍司令部が横田基地に置かれていること。全国に、なんと一二八カ所もの基地があり、その全部の統括管理の場だと知る。朝鮮戦争、ベトナム戦争当時は、戦闘機がここから飛び立っていた。今は、輸送中継基地として機能している。

立川基地からの主要施設移転は、六〇年代末～七〇年代に米軍が行った首都圏の米空軍基地移転・再配置計画「関東計画」の一環だ。他にも、前後して返還されたキャンプ朝霞

（現・大泉中央公園＝練馬区）、グランドハイツ（現・光が丘団地＝同）などの施設や機能が横田基地に移駐・統合されていた。そのことだけでも、「え？　移駐費用三〇〇〇億円？　私たちの血税を使って」と文句の一つも言いたくなるが、目下、軍人約三五〇〇人、軍属一五〇〇人、家族四〇〇〇人、日本人従業員約二二〇〇人が横田基地内にいるという。

▼▼▼基地からわずか七五〇メートルに小学校

さて、市街地を抜けて基地方向に向かう。その途中、「この辺り、堀向《ほりむこう》地区というんですが、六〇年代までこの道が賑やかな商店街で、周辺は社宅や都営団地などがあって八〇〇世帯ほどが暮らす住宅地だったんですよ」と福本さん。

商店街、住宅地の面影はゼロで、今はひらすら草木が生い茂る。「国有地につき、許可なく使用を禁ず」と黄色い立て看板が上がっている。あとは環境コミュニケーションセンター、つまりゴミ焼却施設が見えるだけだ。

「F105Dサンダーチーフ戦闘爆撃機の低空飛行による衝撃波で、風呂屋のガラス窓が割れて、負傷者が出たのがきっかけで集団移転が始まり、ゴーストタウンになったんです」

なんという横暴が半世紀余り前に。と思ったが、周辺への横暴は過去形の話だけではない。拝島《はいじま》第二小学校の前にさしかかり、「沖縄よりもどこよりも基地に一番近い学校です」と福本さんが言う。基地まで直線距離、わずか七五〇メートル。滑走路の延長上に位置し、真上を米軍機が容赦なく飛ぶ……と聞いて、サクッとスマホ検索すると、「拝島第二小学校コミュの飛行機怖くなかったですか？」という名前のサイトが出てきた。

〈グランドいっぱいいっぱい飛行機の影が映ってた〉

〈至近距離で本当に真上だし。朝礼とかもあまりのうるささに校長先生の話も飛行機が通り過ぎるまで中断したり〉

〈飛行機が来るたびに耳をふさいだりしてましたよね〉

卒業生のコメントが痛ましい。

横田基地拡張によって歪に中断された五日市街道や、基地内への燃料輸送のためのＪＲからの引き込み線の踏切を通って、福本さんの車は国道一六号線へ。フェンス越しに基地が広がった。最初に目に入ってきたのは、グラウンドや学校のような建物。それに高層の集合住宅。

「米兵の子どもたちが通う幼稚園から大学まであります。ショッピングモール、映画館、銀行、プール、テニスコート、野球場、ゴルフ場、ボウリング場……。なんでも揃っています」

この辺りの国道一六号線の俗称は「ベースサイド・ストリート」。基地と反対側に、アメリカンテイストの雑貨屋、中古家具屋、ピザハウス、カフェレストランなどが点在する（が、コロナ禍のためか、あまり開いていなかった）。

「早朝・夜間の飛行差し止め」を求めて——四五年間にわたる裁判闘争

ドン・キホーテから望む

「基地内がよく見えるので」と、福本さんが一六号線沿いのドン・キホーテへ連れていってくれた。ふむふむ、四階フロアの端の窓から見渡せた。

ほぼ南北に続く滑走路は、羽田空港のものよりも長い三九五〇メートル。その向こう側に管制塔が立っている。そして南側には、飛行機一〇機ほどが駐機し、一機が旋回訓練をするのが望めた。「あれが一九人乗りのC-12J、中距離戦術空輸機のC-130……」と福本さんが説明してくれるが、距離があるため、私の目には形状の違いが今ひとつ分からないのが残念。しかし、オスプレイだけは遠目にも異様な形の回転翼が認められた。

「空軍仕様の機種CV-22です」

ヘリコプターと飛行機の特性を合わせ持つのは承知のとおり。可変式のローター（回転翼）がついている。離着陸の際にはローターを傾けてヘリコプターのように機体を上昇・下降させ、飛行中はローターを前方に向けプロペラ機のように飛ぶことができる。すでに五機の配備。二〇二四年までに一〇機に増強される計画まであるとか。

オスプレイの爆音の凄さは、スタンディング抗議行動の人たちが訴えていたが、福生市内に住むノンフィクション作家の畏友、黒川祥子さんが「内臓をえぐられる音」「ふざけんな、と叫びたい音」と言い表したのが頭にこびりついている。

福本さんは、オスプレイが横田基地周辺でホバリング（空中停止）を繰り返すことや、他機も含め深夜・早朝にも飛行すること、米兵の降下訓練をするほか、「民家の屋根に砂袋が落ちた」「開いていないパラシュートが落ちた」などと落下物が絶えないことにも怒りの矛先を向ける。

「横田は輸送中継基地なのに、訓練基地になってしまっている。周辺住民として、たまらないわけですよ」

裁判については、福本さんの父・龍蔵さんが団長となり、七六年に公害訴訟を起こしたのを最初に九次までできた。現在、今年一月二三日に東京高裁判決が出され、目下は代表原告九人で上告中だそう。

「私たちの四五年来の悲願である『夜間～早朝の飛行差し止め』が認められるまで声を出

し続けます。ただし、あまり真面目にやっていると疲れるので、適度に力を抜きながら、長続きできる範囲でやっていこうと思っています」

コロナ禍のドン・キホーテは、お客が少ない。そのためだろうか、館内に流れる陽気な音楽がやけに大音量に聴こえるなかで、福本さんのそんな言葉を聞いた。

▼▼▼『限りなく透明に近いブルー』を探して──米軍住宅のいま

確か、村上龍『限りなく透明に近いブルー』の舞台が福生だったはず。と、読み返したらそうだった。

ハウスこと福生の米軍住宅で、主人公リュウや複数の男女がドラッグで酩酊し、喧嘩して血を流し、はたまたやたらとセックスもし、退廃的・享楽的な暮らしに明け暮れる七〇年代の物語だ。有り体に言えば、異常な日常なのだが、リュウはその異常をまるで普通の世界のように淡々と眺め続ける。やがて「大きな鳥」が見えると言い出す。哀愁も欲情も希望も、切ないところに心を寄せて読んだが、そうすると、この物語の「器」となったハウスというものをリアルに見てみたくなる。

果たして、ハウスはどこに？　すんなり見つけられなくて、ＪＲ八高線に沿って少々ウロウロしたのち、庭先の家庭菜園を耕していた年配男性に聞くと、

かつての米軍住宅
（通称「ハウス」）

「やめときな。広いけど、ガタガタだよ」

私をハウスに住みたくて探しにきていると勘違いしたその人は続ける。「ガタガタなのに高いよ。九万円も一〇万円もするよ。住みたいってきた人も、すぐに出て行くよ、この頃じゃ」

なぜそんなによくご存じなんですかと聞くと、「きょうだいがハウスを持ってんだよ」。

ともあれ、その人に教えられた方向に行くと、あった。なんのことはない、スタンディングの場だった基地の第二ゲートから遠くない地に。

マッチ箱を大きくしたような、カクカクとした平屋のコンクリート建物五棟が共同の庭のなかに点在する現役の一かたまりのところと、草が覆う朽ちかけた二棟と人が住んでいる気配ありの二棟合わせて四棟の一かたまりのところと。後者の一棟の窓が開いていたので覗くと、アジア人ぽい若者たちがピンセットを手に、小さな粒の種分け作業を黙々としていて、建物にも若者たちにも疲労感が渦巻いていた。

「戦後、基地のなかの宿舎が窮屈だから基地の外で住みたいという米兵家族が多かったん

リリー・フランキーが描いた壁画（福生、2024年に解体）

ですね。それで、日本の建築屋がアメリカの家の建て方を勉強して建てた。だいたい4DK。一〇〇平米以上です」

こう教えてくれたのは、近場の不動産屋さんだ。ところが六、七〇年代に入ると、基地内の住宅事情が向上してきたため、ハウスに住みたがる米兵家族がいなくなり、不要になった。日本人が住み始めたのがその頃で、バタくさいのが人気に。『限りなく透明に近い』が世に出た頃だ。

「近年は見切りをつける大家さんが続出。ハウスを壊して建売住宅を建てる潮流だったりしましたが、それでもハウス、まだ一〇〇棟は残っていますよ。家賃？　靴を脱いであがるように改装した4DKで、一一〜一三万円が相場ですね。結構空いてますよ。いかがですか？」

取材の参考に教えてくださいと言ったのに、勧められてしまった。

「でも、オスプレイが飛んで、騒音きついんじゃないですか」

「飛ぶのは毎日じゃないから、ま、ある程度は我慢してもらわなきゃ」

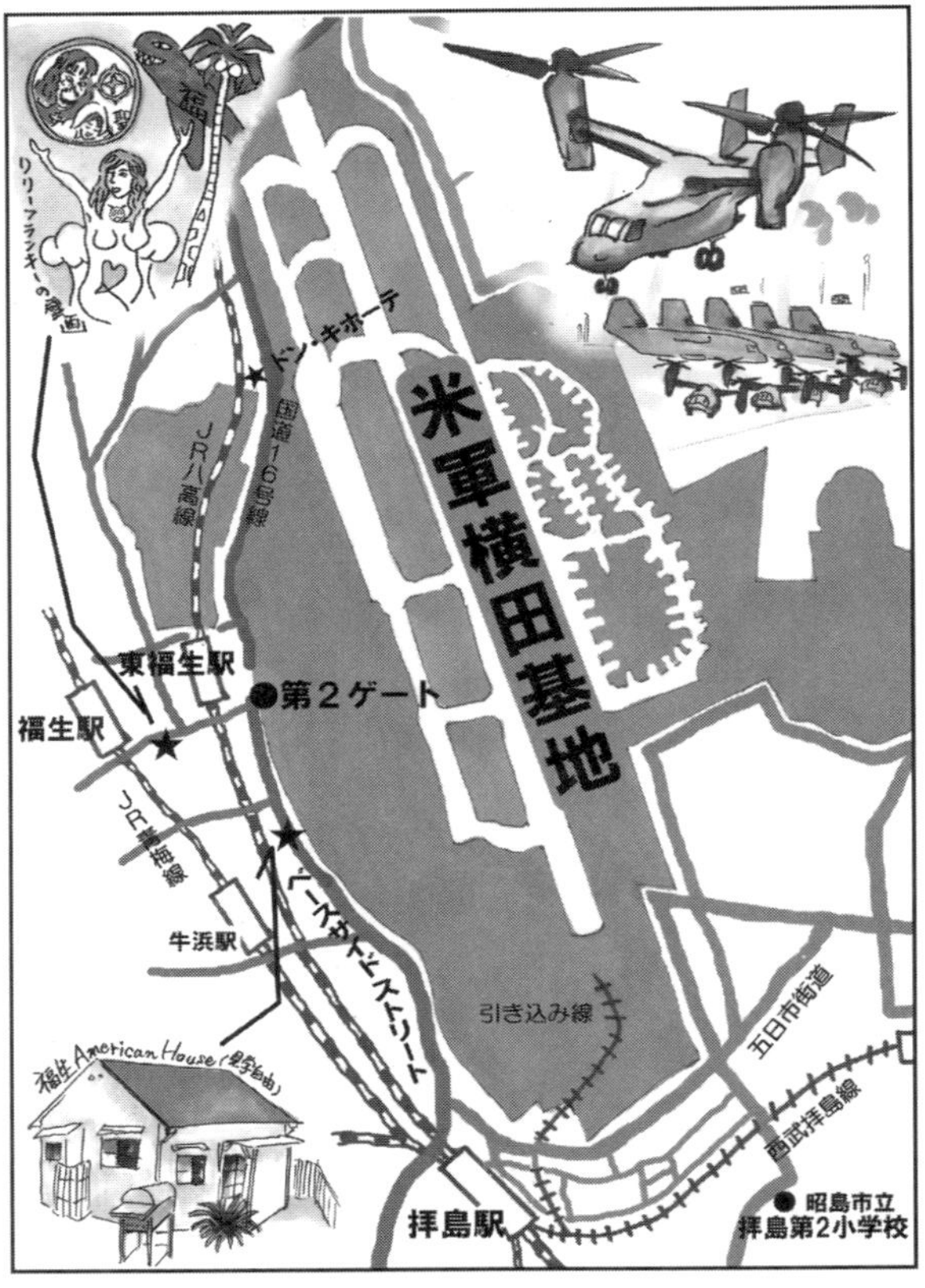
米軍横田基地
リリー・フランキーの壁画
ドン・キホーテ
国道16号線
JR八高線
東福生駅
第2ゲート
福生駅
JR青梅線
牛浜駅
ベースサイドストリート
引き込み線
五日市街道
西武拝島線
福生American House(見学自由)
拝島駅
昭島市立
拝島第2小学校

なんて話を不動産屋さんと交わして、帰路につく。福生駅の手前で、裸の金髪女性や蘇鉄、クジラのような飛行機などなどが描かれたユニークな壁画を発見。

「リリー・フランキーが九〇年頃に、一〇日間泊まり込んで描いた壁画」と話してくれたのは、壁画の角を曲がって、やけに時代を感じるスナックや居酒屋などが軒を連ねる飲み屋街を三〇メートルほど進んだところの民家の主。ついでに、「この飲み屋街、渋いですね～」と申し上げる。

「コロナで閑古鳥鳴いているけど、いや、その前から兵隊さんが一〇時門限になってからずっと閑古鳥が飛んできてたけどね～（笑）。古いこた古いよ。兵隊さん天国の赤線通りだったんだもん」

あ～、やっぱり。基地にはそうしたところがつきものだったのだ。もう一回りしていこう。

かろうじて開いていた無国籍バーへ吸い込まれ、ビールを飲みながらバングラデシュから来たというおねえさんと片言会話。「オスプレイ」と何度言っても、理解してもらえなかった。


（二〇二〇年九月、一〇月取材）

あとがき

ゲラを読んで、「取材に回ったころ、コロナ禍だったんだなー」と改めて思った。

吉原に行った日は、二〇二〇年春の最初の緊急事態宣言が明けてすぐだった。黒服のボーイさんが「うちは昨日からだけど、全然ですよ」「休んでいても地獄だし、（店が開いて）来ても地獄」とこぼす声を聞いていた。

池袋と新大久保では、「コロナ禍まっただなかなのに」と、人の多さに驚いている。池袋・平和通りの中華料理店の中国人店長から、「毎年一カ所ずつ海外旅行に行っていたんですが、今年はコロナでとても無理ですね」と聞いたし、新大久保ではマスクを二重につけ、伊達メガネも着用し、ポケットにアルコールハンドジェルを入れてやって来た女性がいて、「（新大久保に来て）たまには（エネルギーを）補給しないと、すさんでしまうでしょ」と。

尾久では、隅田川沿いの公園で、米カリフォルニア出身の英語の先生が「今からここでオンライン授業をする」とノートパソコンを広げていた。

そんな一コマ一コマを思い出し、あれからわずか数年なのに、ずいぶん経ったような気がする。コロナが一応の収束をみて時流が変わったのは当然といえば当然だ。

ゲラを片手に、主だった地に足を運んでみると、景色が幾分変わっていた。羽田には、京急空港線・東京モノレール天空橋駅に直結して大型複合施設ができ、賑わっている。築地は、波除神社の両側の建物が取り壊され、目下はシートがかかっている状態だ。枝川には、すぐ東側に、枝川の中心部を見下ろすように高層マンションが建った。そういった新たな景色は、もはや当たり前の景色化しているように思えた。

山谷の夏まつりにくる人の数が増え、今年（二四年）の炊き出しでは、取材時の二倍以上の三〇〇食が提供された。池袋と新大久保の人出は、数年前と比べものにならないほどだ。横田基地に配備されたオスプレイの飛行をめぐっては、二三年一一月以降取り止められていたが、二四年七月に再開された……と、書き出したらキリがない。

多かれ少なかれ、数年で景色が変わらない町はない。これから先もまた然りだろう。刻々と変化するのが、東京の面白さだなと思う一方、それぞれの町には何があっても変わらない過去、もとい〝過去の土地の物語〟があることも確かである。私は、本書でその両方に分け入りたいと欲張ったつもりだ。知りたいという思いを募らせ、あれこれ人脈をたどっていくと、かなりの確率で「教えてあげよう」という人に出会えるものだ。

一九四二年四月一八日、尾久が東京初の空襲を受け、死者一〇人、重軽傷者四八人にのぼった。被害甚大であることが微塵も報道されず、「箝口令が敷かれたような状態」が半世紀以上続いたが、九九年に一人の区議（当時）が立ち上がり、体験者探しを始めた。

のち、何人かの証言を得るが、高齢になった彼らが亡くなっていくのは免れない。今回、「最後の一人」となった体験者に会え、話を聞けた。

築地の名は、本願寺の門徒が海を埋め立て土を築いて設けられたから。かつて築地市場も場外も、本願寺の子院が立ち並ぶ寺町だった。九〇年代頃まで、築地の港にマグロ漁船が着き、船員さんたちが風呂屋と床屋に直行した。その床屋さんから〝裏築地史〟も聞けた。

高輪大木戸の跡地は、第一京浜道路沿いにあった。東海道を歩く旅人の送迎もそこまで。付近に立ち並んだという茶屋の名残など皆無だが、近くの寺に「牛供養塔」が建っていた。牛＝運送手段。牛屋＝運送屋。江戸城築城の際に、京から重いものを牛に運ばせた。大木戸付近に牛屋たちが住む「牛町」があったと知った……。

その町の空気を吸い、においを嗅ぎ、地面を踏みつけ、「今」を歩く。それは、温故知新そのものだ。しかし、高島平団地で自殺者が多かった話に及んだとき、タウン新聞を作って来られた人に「その話を今、ひっくり返しても仕方ないじゃないですか」と制止されたことも忘れられない。部外者が興味を持って聞きたがることは、ときにその町の人たちの瘡蓋を剝がす行いになる失礼さを孕んでいることを学習させていただいた。

そう。どこの町も表と裏、陰と陽、気取りと生臭さを併せ持ち、歴史を紡いできている。五年後、一〇年後、二〇年後、二五年後……。本書に書いた町はどんな貌を見せるのだろうと思いながらペンを置く。

なお、本書の記載は、登場者の肩書き、年齢を含め、二〇二〇年～二二年の取材時のままとした。

最後に、ご協力いただいた方々に心からお礼申し上げます。また、解放出版社の村田浩司さん、フリー編集者の山田英生さん、イラストレーターの渡辺つむぎさん、デザイナーの三宅秀典さん、そして専門領域をご指南いただいた東日本部落解放研究所副理事長の吉田勉さん、部落解放同盟東京都連合会書記長の近藤登志一さん、部落解放同盟東京都連合会品川支部支部長の高城順さん、ＮＰＯ法人じんけんウェーブ理事長の木村元紀さん。たくさんお世話になり、ありがとうございました。

井上理津子

二〇二四年初秋

主要参考文献

玉の井

『玉の井という街があった』前田豊（ちくま文庫、二〇一五年）
『墨東奇譚』永井荷風（岩波文庫、一九四八年）
『江戸色街散歩』岩永文夫（ベスト新書、二〇一三年）

水の都

『墨田区の歴史』山本純美／文、東京にふる里をつくる会編（名著出版、一九七八年）
『江戸の川・東京の川』鈴木理生（日本放送出版協会、一九七八年）
『東京の空間人類学』陣内秀信（ちくま学芸文庫、一九九二年）

築地

『築地市場　クロニクル完全版1603－2018』福地享子、築地魚市場銀鱗会（朝日新聞出版、二〇一八年）
『築地と豊洲』澤章（都政新報社、二〇二〇年）
『東京懐かし写真帖』秋山武雄、読売新聞都内版編集室編（中公新書ラクレ、二〇一九年）

吉原

『図説 吉原事典』永井義男（朝日文庫、二〇一五年）
『江戸東京名所事典』笠間書院編集部編（笠間書院、二〇二〇年）
『江戸・東京の被差別部落の歴史』浦本誉至史（明石書店、二〇〇三年）
『江戸の非人』本田豊（三一書房、一九九二年）
「吉原今昔図」荒井一鬼（葭之葉会、一九九三年）

尾久

『荒川区の歴史』松平康夫／文、東京にふる里をつくる会／編（名著出版、一九七九年）
『東京の戦争』吉村昭（ちくま文庫、二〇〇五年）
『都市周縁の考現学』八木橋伸浩（言叢社、一九九五年）

主要参考文献

枝川

『東京のコリアン・タウン――枝川物語〈増補新版〉』江東・在日朝鮮人の歴史を記録する会編（樹花舎、二〇〇四年）
『アジアの教科書に書かれた日本の戦争　東南アジア編』越田稜編（梨の木舎、一九九〇年）
『とりあげないで　わたしの学校』枝川裁判支援連絡会編（樹花舎、二〇〇六年）

山谷

『企画展　橋本左内と小塚原の仕置場』荒川区教育委員会、荒川区立荒川ふるさと文化館編（荒川区立荒川ふるさと文化館、二〇〇九年）
『寄せ場に開かれた空間を』山谷労働者福祉会館運営委員会編（社会評論社、一九九二年）
『やられたらやりかえせ』〈やられたらやりかえせ〉釜共闘・山谷現闘委・編集委員会編（田畑書店、一九七四年）

池袋

『東京のヤミ市』松平誠（講談社学術文庫、二〇一九年）
『戦後東京と闇市』石榑督和（鹿島出版会、二〇一六年）
『私版　東京図絵』水上勉（朝日文庫、一九九九年）
『飢餓海峡（上）』水上勉（新潮文庫、一九九〇年）
『池袋チャイナタウン』山下清海（洋泉社、二〇一〇年）
『新・中華街』山下清海（講談社選書メチエ、二〇一六年）
『東京逍遙』小沢信男（晶文社、一九八三年）

新大久保

『新大久保イケメン☆パラダイス』（鉄人社、二〇一一年）
『アリラン文化講座 第4集 在日の生活史 ドブロクから文化論まで』（文化センター・アリラン、二〇一九年）
『オオクボ 都市の力』稲葉佳子（学芸出版社、二〇〇八年）
『ルポ新大久保』室橋裕和（辰巳出版、二〇二〇年）

戦争の記憶

『千鳥ヶ淵戦没者墓苑創建50年史』財団法人　千鳥ヶ淵戦没者墓苑奉仕会編（財団法人 千鳥ヶ淵戦没者墓苑奉仕会、二〇〇九年）
『観光コースでない東京』轡田隆史、福井理文（高文研、一九九九年）
『新版 きけわだつみのこえ』日本戦没学生記念会編（岩波文庫、一九九五年）

『日本軍「慰安婦」問題 すべての疑問に答えます。』アクティブ・ミュージアム 女たちの戦争と平和資料館編著（合同出版、二〇一三年）

品川

『ビジュアル版　芝浦屠場80年史』芝浦屠場80年史編集制作委員会編（芝浦屠場80年史編集制作委員会、二〇一六年）
『江戸東京を歩く 宿場』塩見鮮一郎（三一書房、一九九八年）
『わが生い立ちの記 最後の品川土蔵相模』永石雅章（私家版、二〇一八年）

羽田

『検証　羽田空港』有川靖夫（早稲田出版、二〇〇四年）
『聞き書き　最後の海苔漁師たち』特定非営利活動法人 海苔のふるさと会、聞き書き・大田区民の会編（特定非営利活動法人 海苔のふるさと会、二〇一八年）
『封印された東京の謎』小川裕夫（彩図社、二〇一四年）

高島平

『東京の地名を歩く③』朝日新聞社会部（日本名書出版、一九八四年）
『団地と暮らし』増永理彦（書肆クラルテ、二〇一五年）
『「団地族」のいま』小池高史（朱鷺書房、二〇一七年）
『板橋マニア』板橋区監修（フリックスタジオ、二〇一八年）

横田基地

『日本はなぜ米軍をもてなすのか』渡辺豪（旬報社、二〇一五年）
『東京・横田基地』東京・横田基地編集委員会編（連合出版、一九八六年）
『日米地位協定』山本章子（中公新書、二〇一九年）

初出

『月刊部落解放』(解放出版社) ２０２０年5月号〜２０２２年5月号「東京フィールドワーク」(全15回)

カバー写真：高野宏治「新宿の月」(２０１６年10月撮影)

カバー・本扉以外の写真は著者・編集部による

【著者】
井上理津子（いのうえ りつこ）
ノンフィクションライター。1955年奈良市生まれ。タウン誌記者を経てフリーに。主な著書に『さいごの色街 飛田』『葬送の仕事師たち』『葬送のお仕事』『師弟百景』『絶滅危惧個人商店』など多数。人物ルポや食、性、死など人々の生活に密着したことをテーマにした作品が多い。

ガイドブックにない
もうひとつの東京を歩く 東京社会科散歩

2024年11月1日 第1版第1刷発行

著 者 井上理津子
発 行 株式会社解放出版社
〒552-0001 大阪府大阪市港区波除4-1-37 HRCビル3階
TEL 06-6581-8542 FAX 06-6581-8552
東京事務所
〒113-0033 東京都文京区本郷1-28-36 鳳明ビル102A
TEL 03-5213-4771 FAX 03-5213-4777

装 画：渡辺つむぎ
デザイン／DTP：三宅秀典
編集協力：山田英生

振替 00900-4-75417
ホームページ http://kaihou-s.com/

印刷・製本 株式会社太洋社

Printed in Japan
ISBN 978-4-7592-4236-2 C0026 NDC291 256p 21cm
定価はカバーに表示しています。乱丁・落丁はお取り替えいたします。